幼儿园体育活动的理论与实践手册

陈冬华 主编

图书在版编目（CIP）数据

幼儿园体育活动的理论与实践手册／陈冬华著. —北京：人民教育出版社，2018.8（2022.6 重印）
ISBN 978-7-107-23186-5

Ⅰ. ①幼…　Ⅱ. ①陈…　Ⅲ. ①体育课—学前教育—教学参考资料　Ⅳ. ①G613.7

中国版本图书馆 CIP 数据核字（2018）第 206381 号

幼儿园体育活动的理论与实践手册

出版发行　人民教育出版社
　　　　　（北京市海淀区中关村南大街17号院1号楼　邮编：100081）
网　　址　http://www.pep.com.cn
经　　销　全国新华书店
印　　刷　唐山市润丰印务有限公司
版　　次　2018 年 8 月第 1 版
印　　次　2022 年 6 月第 3 次印刷
开　　本　787 毫米×1 092 毫米　1/16
印　　张　13.25
字　　数　269 千字
定　　价　39.00 元

版权所有·未经许可不得采用任何方式擅自复制或使用本产品任何部分·违者必究
如发现内容质量问题、印装质量问题，请与本社联系。电话：400-810-5788

目 录

▶ 概述　/1

▶ 第一部分　幼儿体操　/4
▷ 一、幼儿体操的概念　/4
▷ 二、幼儿体操的意义　/4
▷ 三、幼儿体操的主要内容及案例　/4
▷ 四、幼儿体操的教法建议　/115
▷ 五、影响做操动作效果的因素　/115
▷ 六、幼儿体操的创编原则　/115

▶ 第二部分　基本动作　/117
▷ 一、幼儿基本动作内容与要求　/117
▷ 二、各项基本动作要领与指导要点　/118

▶ 第三部分　体育游戏　/120
▷ 一、体育游戏的概念　/120
▷ 二、体育游戏的目标、意义和作用　/120
▷ 三、体育游戏的分类　/120
▷ 四、不同年龄段体育游戏活动的特点　/121
▷ 五、体育游戏的案例　/121

▷ 六、体育游戏的应用 /134
▷ 七、体育游戏的指导 /134

▶ 第四部分 运动器材练习   /135
▷ 一、幼儿运动器材分类 /135
▷ 二、运动器材练习的意义 /138
▷ 三、运动器材练习的主要内容 /138
▷ 四、运动器材活动建议 /142

▶ 第五部分 民族、民间、地域性体育活动   /143
▷ 一、民族、民间、地域性体育活动的意义 /143
▷ 二、民族、民间、地域性体育活动的目标 /143
▷ 三、民族、民间、地域性体育活动的内容 /143
▷ 四、开展民族、民间体育活动应当注意的事项 /143

▶ 第六部分 利用环境开展体育活动   /150
▷ 一、利用环境开展幼儿体育活动的意义 /150
▷ 二、利用环境开展幼儿体育活动的目标 /150
▷ 三、利用自然环境开展幼儿体育活动主要内容 /150
▷ 四、充分利用社会环境开展幼儿体育活动 /151
▷ 五、利用环境开展幼儿体育活动建议 /151

▶ 第七部分 幼儿体育活动的组织形式与实施建议   /152
▷ 一、早操 /153
▷ 二、体育教学（体育课） /154
▷ 三、户外体育活动 /178
▷ 四、室内体育活动 /182
▷ 五、幼儿体育节（运动会） /185
▷ 六、远足 /186
▷ 七、家庭与社区体育活动 /188
▷ 八、组织幼儿各项体育活动的基本原则 /189

▶ **第八部分　幼儿体育活动设计与评价**　/191

▷ 一、幼儿体育活动设计与评价的意义　/191
▷ 二、设计幼儿体育活动的依据　/191
▷ 三、设计幼儿体育活动的程序与要求　/192
▷ 四、幼儿体育教学及活动设计案例　/193
▷ 五、教学与活动评价　/195
▷ 六、幼儿身心健康发展评价（供参考）　/199
▷ 七、教师的教育策略、水平评价　/202

概述

一、健康新理念

世界卫生组织认为,一个人只有在躯体健康、心理健康、社会适应良好和道德健康四方面都健全,才是完全健康的人。

同时,该组织还提出,健康是基本人权,尽可能地达到健康水平,是世界范围内的一项重要的社会性目标。

本书对健康新理念简述为:

"石"——健康是生命的基石;

"金"——健康是最大的财富;

"权"——健康是基本的人权,需要得到保障;

"力"——健康对工业、农业和商业等而言是生产力,对军队而言是战斗力,对学生而言则是智力发展的基础;

"1"——健康是"1",其他一切都是"1"后面的"0","1"没有了,后面的"0"再多也没有意义;

"福"——健康既是个人最大的幸福,也是全家的幸福。

二、体育的含义

体育是以身体活动为手段的教育,主要是指关于身体的教育和通过身体的教育两方面。体育既促进身体机能的发展,促进体能和动作的发展,促进健康,增强体质,又促进心理的发展,培养良好品德,促进社会性发展。

三、幼儿体育活动的意义

幼儿体育是实施终身体育的起点,在终身体育中占有十分重要的地位。健康的身体是实施全面发展教育的物质基础。体育活动是促进幼儿身心全面、和谐、健康发展的重要手段之一。体育活动可以促进幼儿身体各器官、系统机能的正常发育;发展幼儿体能和基本动作,使其身体运动更协调、更准确、更灵活;发展幼儿认知能力,提高其感知、观察、思维、注意、记忆、理解、想象、判断等能力;培养幼儿活泼、开朗的性格和良好的品德；培养幼儿与同伴交往、合作的意识和能力，促进其社会性发展；培养幼儿对美的感受力、创造力、表现力，陶冶美的情操。

四、幼儿体育活动的作用

（一）促进身体各器官、系统的正常发育与机能协调发展

经常进行体育活动，能够促进幼儿提高神经系统的调节功能，促进其灵活性、兴奋性、抑制性发展；提高运动系统功能，促进骨骼、肌肉、关节及韧带的坚韧性、弹性、灵活性、力量性发展；提高循环系统功能，促进血液循环，增强心血管的功能；促进、提高呼吸系统功能，加大肺部通气量，增强呼吸系统的抗病能力；提高消化系统功能，促进机体对食物的消化吸收，增强能量摄取，确保生长发育所需要的营养供给。

（二）发展体能，提高基本活动能力

经常参加体育活动，有助于发展幼儿体能，增强力量、速度、耐力、灵敏等身体素质，提高走、跑、跳跃、投掷、钻、爬、攀登等基本活动能力。

（三）促进幼儿身心和谐发展

儿童心理健康的基本特征是：智力发展正常，思维敏捷；情绪健康，愉快、乐观、开心，有不顺心的事能够合理宣泄；性格开朗，交往能力与适应能力强。经常运动不仅能够强健幼儿身体，而且能促进幼儿心理健康。

（四）促进幼儿智力发展

体育活动不仅有利于发展幼儿感知觉，而且能发展幼儿注意力、记忆力、判断力，以及思维力、想象力、创造力，促进幼儿智力发展。

（五）培养孩子良好的道德行为习惯

经常参加体育活动，能够培养幼儿勇敢、顽强、不怕困难、勇于拼搏、持之以恒的精神和自信心，同时还能培养幼儿服从命令、遵守纪律、遵守规则等良好的道德行为习惯。

（六）促进幼儿美育发展

运动可以使幼儿逐步形成健美的形体姿态，培养了幼儿欣赏美、感受美、表现美的能力以及动作的节奏感、韵律感。

（七）培养幼儿适应能力

坚持经常运动，不仅能提高幼儿对自然环境的适应能力和对疾病的抵抗能力，而且能够培养幼儿合作意识与交往能力，使幼儿懂得谦让、公平竞争、共同分享，逐步形成健全的人格。

五、幼儿体育活动的目标

总目标：培养幼儿参与体育活动的兴趣，促进健康；发展体能和基本动作，逐步提高动作的灵敏性、协调性、稳定性，增强体质；培养勇敢自信、文明乐群的良好品德和性格，提高社会适应能力，促进其身心健康发展。

根据《幼儿园教育指导纲要（试行）》精神，我们认为幼儿园体育活动的具体目标应当概括为以下几点。

1. 激发和培养幼儿参与体育活动的兴趣与习惯。

2. 促进幼儿基本动作和体能的发展，增强幼儿体质。

3. 以体育活动为手段或途径，促使幼儿情绪、认知、社会性、个性等方面的健康发展。

为了实现幼儿体育活动的目标，必须开展内容丰富多彩、形式多种多样的体育活动。

第一部分

幼儿体操

一、幼儿体操的概念

幼儿体操是幼儿通过身体各部位（头颈、上肢、躯干、下肢）动作的协调配合，按照一定的程序，有目的、有节奏地进行各种举、振、摆、踢、绕、屈伸、绕环、跳跃等一系列单个动作或组合动作的练习。幼儿体操是根据幼儿年龄特点编排的。

二、幼儿体操的意义

练习幼儿体操，可以使幼儿形成良好的身体姿势，促进身体形态和机能的生长发育；增强对动作方位、节奏、速度、美的感受力、表现力，发展灵敏、协调等身体素质；培养观察力、注意力、记忆力、思维能力；培养群体意识，养成良好的做操习惯。

三、幼儿体操的主要内容及案例

幼儿体操主要有模仿操（生活、劳动、运动、军事、动物等）、徒手操（徒手操、拍手操、武术操、韵律操、健美操等）、轻器械操（手铃、哑铃、棍棒、积木、铃鼓、大刀、花束、花环、花条、球、圈、红旗、扇子、彩带、皮筋、跳绳、纸板、泡沫板、易拉罐、饮料瓶、救生圈、竹竿、椅子、凳子、筷子、垫子等）、利用器械的体操（把杆、肋木、桌子、长凳等）。

（一）模仿操

儿歌：

幼儿模仿操，练习兴趣高；好学又好教，锻炼效果好。

动作要形象，适当有夸张；模仿小动物，走、跑又跳跃。

生活模仿操，洗漱穿戴不可少；军事、运动模仿操，动作形象又逼真。

幼儿做操很认真，效果显著又健身。

模仿操案例一

动物模仿操

天津市和平区第十一幼儿园　姚智宏

  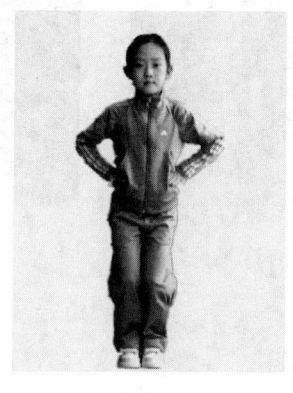

① ② ③

图1

动作说明：

小白兔，白又白：两手头上做兔子耳朵状，同时双腿屈伸两次（图1①）；

两只耳朵竖起来：动作同上；

蹦蹦跳，蹦蹦跳：两手叉腰，原地向上跳（图1②）；

蹦蹦跳呀蹦蹦跳：动作同上，原地自转一周（图1③）。

① ②

图2

动作说明：

小蝌蚪，黑油油：双臂上举，头上击掌两次，身体呈波浪状晃动下蹲（图2①）；

细细尾巴水里游：左手胸前、右手体后，同时做手臂波浪，脚下小碎步（图2②）；

游游游，游游游：动作同上，双手交换方向；

游游游呀游游游：动作同上，原地自转一周。

① ② ③ ④

图3

动作说明：

小燕子，真灵巧：两臂经体侧上举，并做手臂波浪学小鸟飞的样子，脚下小碎步（图3①②）；

尾巴尖尖像剪刀：右臂斜上举，左臂斜下举，手心向下提腕，双腿直立，提脚跟（振翅）（图3③）；

飞飞飞，飞飞飞：动作同上，方向相反（图3④）；

飞飞飞呀飞飞飞：动作同上，原地自转一周。

① ② ③

图4

动作说明：

大花狗，蹲门口：下蹲，两臂侧屈于耳旁，五指并拢掌心向前摆动两次，同时点头两次；

摇摇尾巴汪汪叫：起身，两腿屈膝4次，同时两手拍屁股4次（图4①②）；

汪汪汪，汪汪汪：下蹲，两臂体前屈，拳心向后，左右摆动做小狗吃骨头状（图4③）；

汪汪汪呀汪汪汪：双手做小狗耳朵状，原地自转一周。

① ②

图5

动作说明：

小鸭子，毛茸茸：两臂体侧打开，两腿分开屈膝左右踏步，成鸭子走路状（图5①）；

扁扁嘴巴红脚掌：两臂至胸前，屈肘，两手叠放，成鸭子嘴巴状，开合四次（图5②）；

嘎嘎嘎，嘎嘎嘎：两臂体侧打开，两腿分开屈膝左右踏步，成鸭子走路状；

嘎嘎嘎呀嘎嘎嘎：动作同上，原地自转一周。

① ② ③

图6

动作说明：

大公鸡，爱打鸣儿：双手头上合十（做鸡冠状），原地左右踏步（图6①）；

大红冠子花外衣：动作同上；

喔喔喔，喔喔喔：两脚开立，身体分别向左右转，双手在嘴巴前方做喇叭状（图6②）；

喔喔喔呀喔喔喔：双臂体前交叉经下绕环，脚下小碎步（图6③）。

第一部分 幼儿体操 7

模仿操案例二

模仿操
天津师范大学大三学生　葛　萌

儿歌	动作
小花猫	站立拍手三次；
喵喵喵	两手在嘴前五指分开，模仿捋胡须（扩胸）；
伸伸懒腰喵喵喵	两臂伸至侧上举，模仿伸懒腰动作。
小蝴蝶	站立拍手三次；
飞呀飞	两臂侧举上下摆动，同时原地做小碎步；
飞高飞低飞呀飞	两臂侧上、侧下挥摆，同时提踵立、下蹲。
跷跷板	站立拍手三次；
跷呀跷	两臂摆至前、后举，同时两腿弹性屈伸；
一上一下跷跷跷	两臂摆至上、后举，同时两腿弹性屈伸。
小柳条	站立拍手三次；
摆呀摆	两臂上举，同时身体向左右侧屈；
一左一右摆摆摆	两臂左右摆动，同时上体向左右侧屈。
小转椅	站立拍手三次；
转呀转	两手叉腰，身体向左右转动；
一圈一圈转转转	两臂侧举，同时小碎步原地向左或右转一圈。
小灰象	站立拍手三次；
鼻子长	五指交叉，两臂上举；
弯腰喝水头上扬	五指交叉，上体前屈，两臂自然摆动后上举，同时抬头体后屈。
小兔子	站立拍手三次；
蹦蹦跳	两手在耳旁模仿小兔子跳；
跳来跳去跳跳跳	向左、向右反复跳。

（二）徒手操

儿歌：

形体训练不可少，徒手体操最重要。头部屈转和绕环，颈椎灵活是关键。
上肢屈伸举和振，横平竖直部位准。上体屈转和绕环，幅度要大有弹性。

下蹲踢腿和跳跃，全身动作少不了。动作协调配合好，健身效果才更好。

坚持做好徒手操，形体姿态一定好。

案例

大班幼儿徒手操

天津市和平区第十一幼儿园　赵维娟

预备姿势：立正。

第一节　伸展运动（4×8拍）

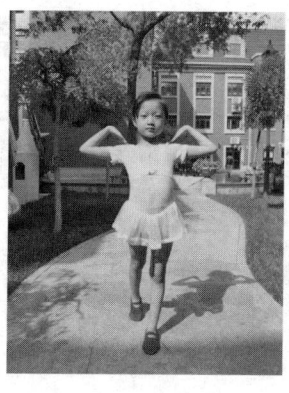

预备姿势　　　①　　　②

图7

第一个八拍

1- 左脚向前一步，重心前移，同时两臂肩侧屈（图7①）。

2- 两臂伸至侧上举，掌心相对，抬头（图7②）。

3- 还原成1的动作。

4- 还原成预备姿势。

5-8 动作同1-4，但出右脚做。

第二个八拍动作同第一个八拍动作。

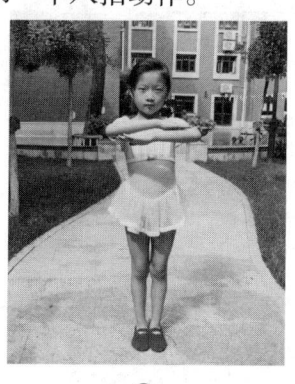

①　　　②

图8

第三个八拍

  1- 两臂胸前交叉平屈（图8①）。

  2- 两臂经前伸直摆至侧平举，掌心向下，同时左腿侧出脚尖点地（图8②）。

  3- 还原成1的动作。

  4- 还原成预备姿势。

  5-8 动作同1-4，但出右脚做。

第四个八拍动作同第三个八拍动作。

第二节　下蹲运动（4×8拍）

 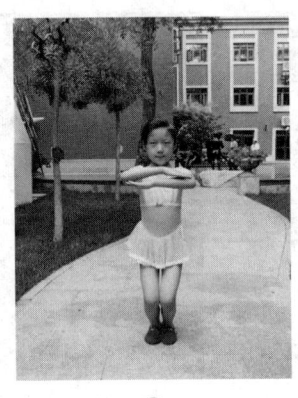

  ①   ②

图9

第一个八拍

  1- 提踵立，同时两臂侧上举，掌心相对，抬头（图9①）。

  2- 半蹲，同时两臂胸前交叉平屈（图9②）。

  3- 还原成1的动作。

  4- 还原成预备姿势。

  5-8 动作同1-4。

第二个八拍动作同第一个八拍动作。

  ①   ②

图10

第三个八拍

    1- 提踵立，同时两臂侧上举，掌心相对，抬头（图10①）。

    2- 全蹲，同时两臂经前摆至斜后举（图10②）。

    3- 还原成1的动作。

    4- 还原成预备姿势。

    5-8 动作同1-4。

第四个八拍动作同第三个八拍动作。

第三节　踢腿运动（4×8拍）

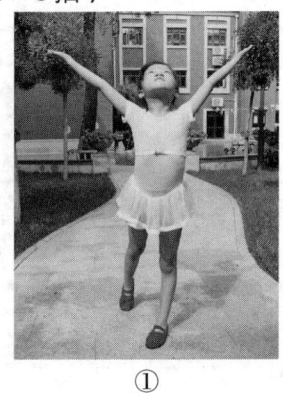 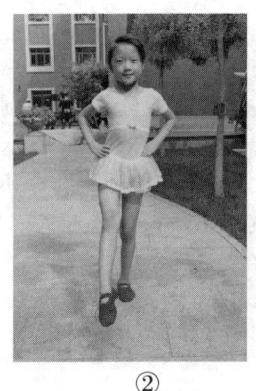

① ②

图11

第一个八拍

    1- 左脚向前一步，重心前移，同时两臂侧上举，抬头（图11①）。

    2- 向前方踢右腿，同时两手叉腰（图11②）。

    3- 还原成1的动作。

    4- 还原成预备姿势。

    5-8 动作同1-4，但出右脚做。

第二个八拍动作同第一个八拍动作。

第三个八拍

① ②

图12

1- 提踵立，同时两臂侧平举，掌心向下（图12①）。

2- 左腿向侧踢，同时两手叉腰（图12②）。

3- 还原成1的姿势。

4- 还原成预备姿势。

5-8 动作同1-4，但侧踢右脚做。

第四个八拍动作同第三个八拍动作。

第四节 体侧运动（4×8拍）

第一个八拍

① ②

图13

1- 左脚侧出一步，同时两臂侧平举，掌心向下（图13①）。

2- 身体向左侧屈，同时两臂屈肘，右手扶头后，左手背贴后腰（图13②）。

3- 还原成1的动作。

4- 还原成预备姿势。

5-8 动作同1-4，但方向相反。

第二个八拍动作同第一个八拍动作。

第三个八拍

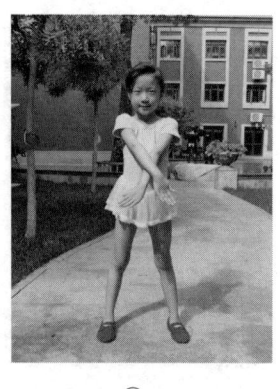 

① ②

图14

1- 左脚侧出一步，同时两臂于腹前交叉（图14①）。

2- 上体向左侧屈，同时两臂经体侧摆至头上击掌（图14②）。

3- 还原成1的动作。

4- 还原成预备姿势。

5-8 动作同1-4，但方向相反。

第四个八拍动作同第三个八拍动作。

第五节　体转运动（4×8拍）

第一个八拍

① ②

图15

1- 左脚向侧一步，同时两臂侧平举，掌心向下（图15①）。

2- 上体向左转，同时右手扶左肩，左手贴后背（图15②）。

3- 还原成1的动作。

4- 还原成预备姿势。

5-8 动作同1-4，但方向相反。

第二个八拍动作同第一个八拍动作。

第三个八拍

① ②

图16

1- 左脚向侧一步，同时两臂前平举，掌心向下（图16①）。

2- 上体向左转，同时左臂侧平举，右臂上举（图16②）。

3- 还原成1的动作。

4- 还原成预备姿势。

5-8 动作同1-4，但方向相反。

第四个八拍动作同第三个八拍动作。

第六节　腹背运动（4×8拍）

第一个八拍

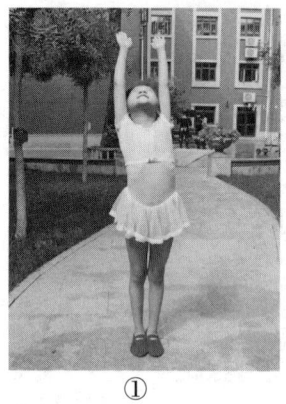  

①　　　　　　　　②　　　　　　　　③

图17

1- 体后屈，同时两臂上举，掌心向前，抬头（图17①）。

2- 上体前屈，同时两手扶膝（图17②）。

3- 上体弹性再前屈，两手手指触脚面（图17③）。

4- 还原成预备姿势。

5-8 动作同1-4。

第二个八拍动作同第一个八拍动作。

第三个八拍

①　　　　　　　　②　　　　　　　　③

图18

1- 左脚侧出一步，同时两臂侧上举，掌心相对，上体后屈，抬头（图18①）。

2- 上体前屈，两手手指尖触地（图18②）。

3- 上体弹性再前屈，同时两臂于两腿间尽量向后伸（图18③）。

4- 还原成预备姿势。

5-8 动作同1-4。

第四个八拍动作同第三个八拍动作。

第七节　全身运动（4×8拍）

第一个八拍

① ②

图19

1- 左脚向左前方上一步成弓步，同时两臂侧上举，掌心相对（图19①）。

2- 上体前屈，同时两臂摆至斜后举，眼看右手（图19②）。

3- 还原成1的动作。

4- 还原成预备姿势。

5-8 动作同1-4，但出右脚做。

第二个八拍动作同第一个八拍动作。

第三个八拍

① ②

图20

1- 左脚向前一步成弓步，同时两臂侧上举，掌心相对（图20①）。

2- 重心后移成虚步，同时上体前屈，两臂摆至斜后举（图20②）。

3- 还原成1的动作。

4- 还原成预备姿势。

5-8 动作同1-4，但出右脚做。

第四个八拍动作同第三个八拍动作。

第八节　跳跃运动（2×8拍）

第一个八拍

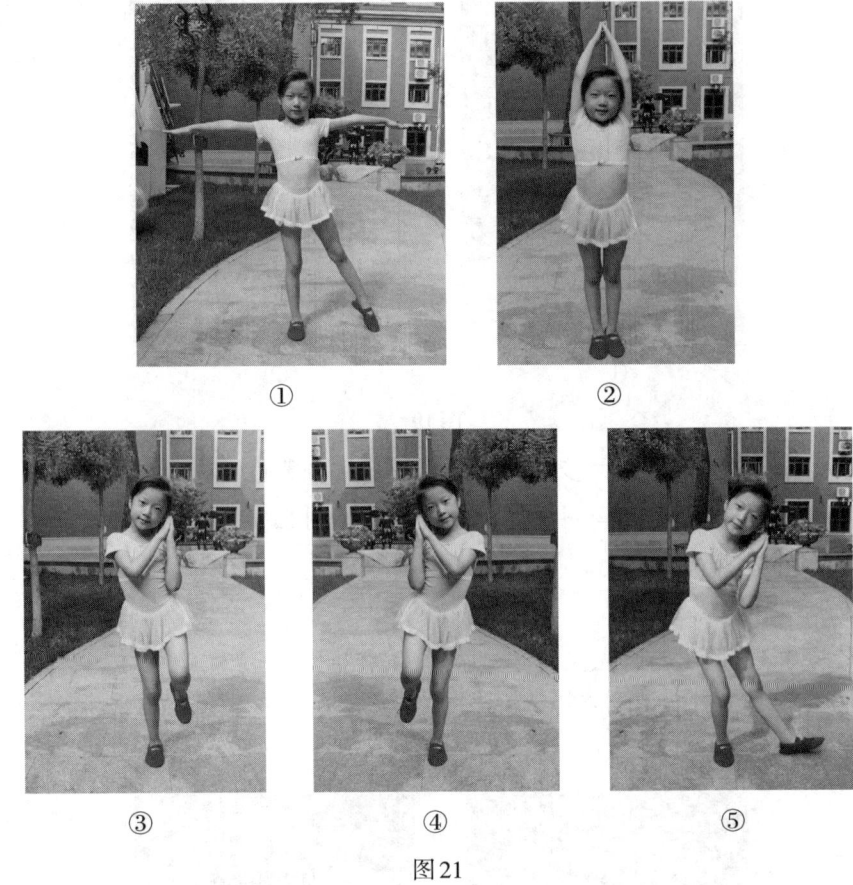

图21

1- 跳开立，同时两臂侧平举，掌心向下（图21①）。

2- 跳并立，同时两臂经体侧至头上击掌（图21②）。

3- 还原成1的动作。

4- 还原成预备姿势。

5-6 原地交换腿跳，同时两手在左（右）肩前击掌（图21③④）。

7- 右腿稍屈膝，左腿侧伸，脚跟着地，同时两手在左肩前击掌（图21⑤）。

8- 还原成预备姿势。

第二个八拍动作同第一个八拍动作，但侧伸右腿。

第九节　整理运动（2×8拍）

第一个八拍

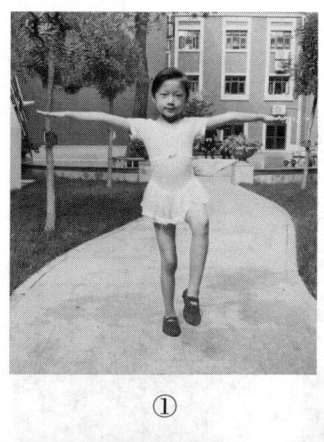

图22

1- 两臂摆至侧平举，同时左腿向前提膝（图22①）。

2- 腿还原，同时两臂向下摆至体前交叉（图22②）。

3- 动作同1，但换右腿做。

4- 动作同2。

5- 两臂摆至侧平举，掌心向下，同时右腿直膝侧摆（图22③）。

6- 动作同2。

7- 动作同5，但换左腿侧摆（图22④）。

8- 动作同2。

第二个八拍动作同第一个八拍动作，最后一拍还原成预备姿势。

大班幼儿徒手操

天津市和平区第十一幼儿园　詹文燕　刘山三

预备姿势： 立正（图24①）。

第一节　伸展运动（4×8拍）

第一个八拍

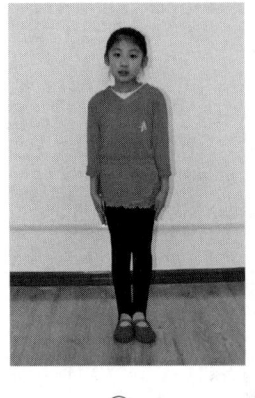 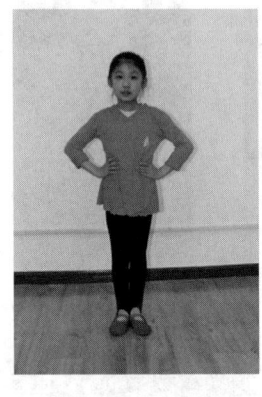  

①　　　　　　　②　　　　　　　③　　　　　　　④

图23

1- 两手叉腰（图23②）。

2- 两臂肩侧屈，手指触肩（图23③）。

3- 两臂侧上举，抬头（图23④）。

4- 还原成预备姿势。

5-8 动作同1-4。

第二个八拍动作同第一个八拍动作。

第三个八拍

①　　　　　　　②

图24

1- 左脚向前一步，两臂胸前平屈交叉（图24①）。

2- 两臂侧上举，抬头（图24②）。

3- 还原成1的动作。

4- 还原成预备姿势。

5-8 动作同1-4，但出右脚做。

第四个八拍动作同第三个八拍动作。

第二节 下蹲运动（4×8拍）

第一个八拍

图25

1- 两臂侧上举，抬头（图25①）。

2- 下蹲，同时两臂经前摆至侧后举，掌心向后，头向左转（图25②）。

3- 身体直立成1的动作。

4- 还原成预备姿势。

5-8 动作同1-4，但头向右转。

第二个八拍动作同第一个八拍动作。

第三个八拍

图26

1- 左脚尖前点地，两臂前平举，掌心向下（图26①）。

2- 左脚尖侧点地，两臂侧平举，掌心向下（图26②）。

3- 全蹲，低头，双臂交叉抱腿（图26③）。

4- 还原成预备姿势。

5-8 动作同1-4，但出右脚做。

第四个八拍动作同第三个八拍动作。

第三节 扩胸运动（4×8拍）

第一个八拍

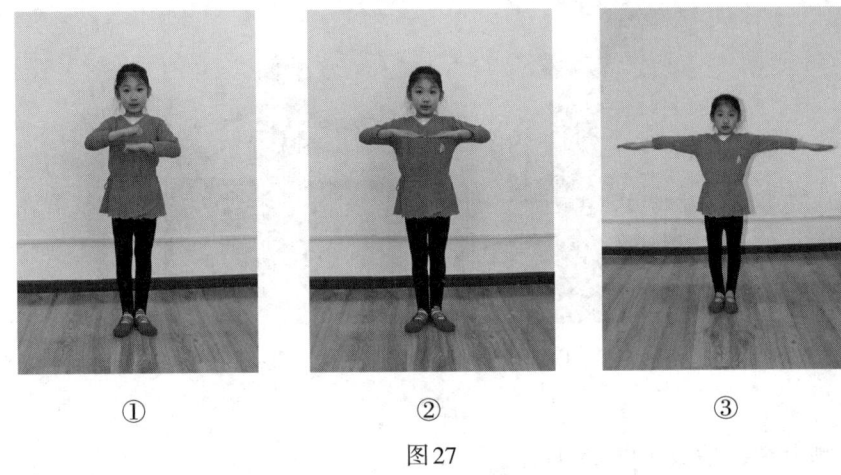

图27

1-2 两臂胸前平屈，两手握拳，拳心向下，绕环两次（图27①）。

3-4 两臂胸前平屈侧后振两次，同时拳变掌，掌心向下（图27②）。

5-6 动作同1-2。

7- 两臂经前伸至侧平举后振，掌心向下（图27③）。

8- 还原成预备姿势。

第二个八拍动作同第一个八拍动作。

第三个八拍

图28

1- 两臂胸前交叉平屈后振扩胸一次，掌心向下（图28①）。

2- 左脚向前一步，同时两臂经前伸至侧平举后振，掌心向上（图28②）。

3- 两臂经下向前绕至上举后振，掌心向前（图28③）。

4- 还原成预备姿势。

5-8 动作同1-4，但出右脚做。

第四个八拍动作同第三个八拍动作。

第四节　踢腿运动（4×8拍）

第一个八拍

　　①　　　　　　　②

图29

1- 两臂侧平举，掌心向下（图29①）。

2- 左腿提膝，同时双手抱膝（图29②）。

3- 还原成1的动作。

4- 还原成预备姿势。

5-8 动作同1-4，但出右脚做。

第二个八拍动作同第一个八拍动作。

第三个八拍

 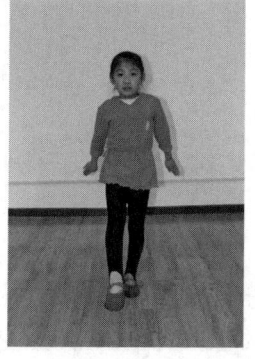

　　①　　　　　　　②

图30

1- 左脚向前一步，同时两臂上举，掌心向前（图30①）。

2- 右腿向前踢腿一次，同时两臂经前摆至后举，掌心向后（图30②）。

3- 还原成1的动作。

4- 还原成预备姿势。

5-8 动作同1-4，但出右脚做。

第四个八拍动作同第三个八拍动作。

第五节 体侧运动（4×8拍）

第一个八拍

① ②

图31

1- 两臂侧平举，掌心向下（图31①）。

2- 左脚侧出一步，脚跟着地，同时上体左侧屈，两手叉腰（图31②）。

3- 还原成1的动作。

4- 还原成预备姿势。

5-8 动作同1-4，但方向相反。

第二个八拍动作同第一个八拍动作。

第三个八拍

① ②

图32

1- 左脚向侧一步，同时两臂侧平举，掌心向下（图32①）。

2- 上体向左侧屈，同时左手放于背后，右手放于头后（图32②）。

3- 还原成1的动作。

4- 还原成预备姿势。

5-8 动作同1-4，但方向相反。

第四个八拍动作同第三个八拍动作。

第六节 体转运动（4×8拍）

第一个八拍

图33

1- 左脚向侧一步，同时两臂侧平举，掌心向下（图33①）。

2- 下蹲，同时上体向左转，两手叉腰（图33②）。

3- 还原成1的动作。

4- 还原成预备姿势。

5-8 动作同1-4，但方向相反。

第二个八拍动作同第一个八拍动作。

第三个八拍

图34

1- 左脚向侧一步，同时两臂前平举，掌心向下（图34①）。

2- 上体左转，同时左臂侧平举，右手胸前平屈，掌心向下，眼看左手（图34②）。

3- 上体右转，同时右手叉腰，左手扶头后（图34③）。

4- 还原成预备姿势。

5-8 动作同1-4，但方向相反。

第四个八拍动作同第三个八拍动作。

第七节 腹背运动（4×8拍）

第一个八拍

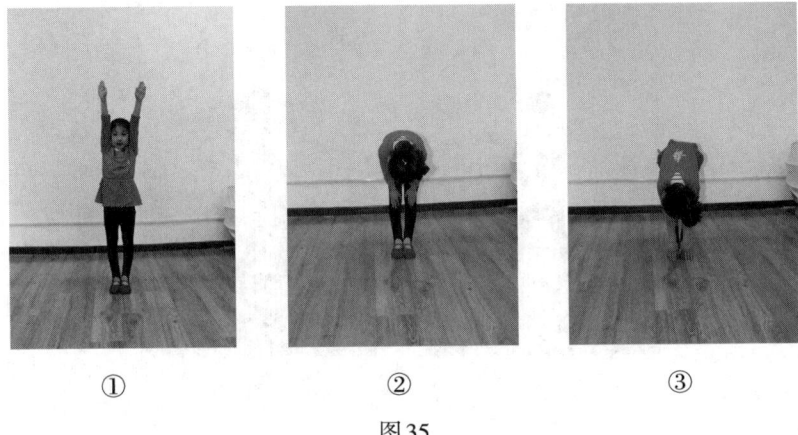

图35

1- 上体后屈，同时两臂上举，掌心向前，抬头（图35①）。

2- 上体前屈，同时两手扶膝（图35②）。

3- 上体弹性再前屈一次，同时两手指尖触地面（图35③）。

4- 还原成预备姿势。

5-8 动作同1-4。

第二个八拍动作同第一个八拍动作。

第三个八拍

图36

1- 左脚向侧一步，同时两臂上举交叉，掌心向前，抬头（图36①）。

2- 上体前屈，同时两臂向外经下绕至腿前交叉（图36②）。

3- 上体弹性前屈一次，抬上体成直立，同时两臂侧平举，掌心向下（图36③）。

4- 还原成预备姿势。

5-8 动作同3-4，但出右脚做。

第四个八拍动作同第三个八拍动作。

第八节　跳跃运动（2×8拍）

第一个八拍

图37

1- 跳开立，同时两臂侧平举，掌心向下（图37①）。

2- 跳并立，同时两臂经体侧至上举（图37②）。

3- 还原成1的动作。

4- 还原成预备姿势（图37③）。

5-7 原地交换腿跳，同时两手胸前击掌三次（图37④⑤⑥）。

8- 还原成预备姿势。

第二个八拍

    1-4　动作同第一个八拍1-4。

    5-7　模仿跳绳动作三次。

    8-　还原成预备姿势。

第九节　整理运动（2×8拍）

第一个八拍

  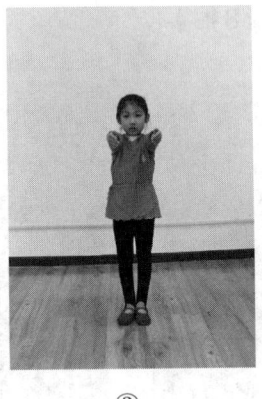 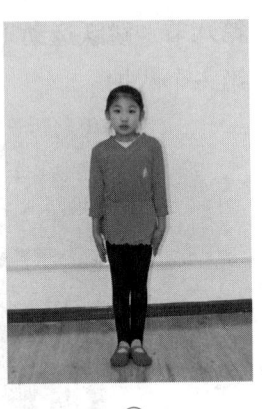

①　　　　　　　②　　　　　　　③　　　　　　　④

图38

1-　两臂放松左摆，同时两腿弹性屈伸一次（图38①）。

2-　两臂放松右摆，同时两腿弹性屈伸一次（图38②）。

3-　两臂放松前摆，同时两腿弹性屈伸一次（图38③）。

4-　两臂放松后摆，同时两腿弹性屈伸一次，并还原成预备姿势（图38④）。

5-8　动作同1-4。

第二个八拍

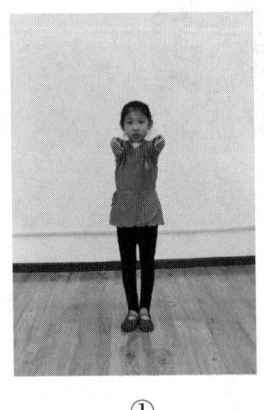   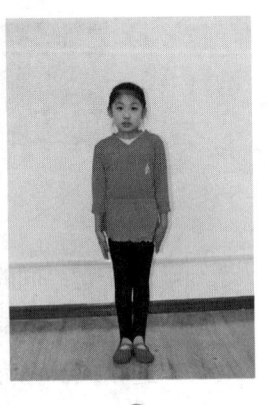

①　　　　　　　②　　　　　　　③　　　　　　　④

图39

1-2 两臂向前摆至上举,同时深吸气一次(图39①②)。

3-4 两臂侧摆至侧平举并还原成预备姿势,同时深呼气一次(图39③④)。

5-8 原地踏步。

该套大班徒手操,旨在培养幼儿正确的身体姿势,发展幼儿动作的协调性,提高大肌肉群的力量。教师可根据幼儿实际能力、动作发展水平和体能情况,选择运用。例如,为了减小负荷量,可以每节操都采用二八拍;为了调节动作难度,可以只做前两个八拍或后两个八拍动作。

以上所有案例,仅供参考选用。

(三)武术操

儿歌:

民族传统武术操,幼儿园里不可少。动作精练有力气,手到眼到又神气。

手型动作掌、拳、勾,冲、劈、砸拳有力度。

马步、弓步和扑步,还有虚步和歇步。

各种步伐做到位,健身效果才最佳。

武术操案例一

大班武术操

天津市河西区第六幼儿园　杜晓华　庞　浩　崔玉胜

预备动作:抱拳行礼

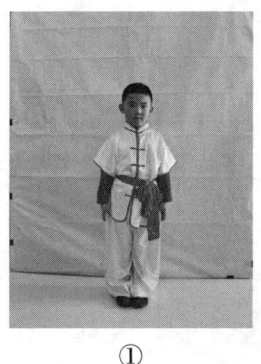
①

②

③

图40

动作说明:两脚并立,两臂下垂于体侧,目视前方(图40①);两手经胸前向两侧托掌,掌心向上(图40②);右手变拳,左掌掩右拳行"抱拳礼"(图40③)。

并步插掌

① ②

图41

动作说明：两拳变掌，两臂向侧下插掌，头左转，目视左手方向（图41①）；两臂侧上举，掌心相对，目视前方（图41②）。

并步冲拳

① ②

图42

动作说明：迈左脚成开步，两掌变拳，向下垂于胸前，拳心朝后（图42①）；两臂向两侧冲拳，同时并步，头左转，目视冲拳方向（图42②）。

弓步撩掌

① ②

图43

动作说明：将并步变成左弓步，同时右拳变掌，由下向上撩掌。左手抱拳于胸前（图43①）；右臂经头上向右后方亮掌，臂略高于肩，头右转目视右手方向，左手收拳于腰间（图43②）。

开步推掌

① ②

图44

动作说明：两腿伸直成开步，同时右掌变拳收于腰间，左拳变掌向侧推掌，头左转目视推掌方向（图44①）；右臂向上冲拳，拳心向左，同时摆头目视前方（图44②）。

开步冲拳

① ② ③ ④

图45

动作说明：收右脚震脚半蹲，同时右拳拳背于左掌掌心在腹前屈臂相击（图45①）；迈右脚成开步，左掌变拳，两臂摆至体侧，拳心向后（图45②）；两拳收于腰间（图45③）；两臂从腰间向前交叉冲拳，右臂在下（图45④）。

开步亮掌

① ② ③ ④

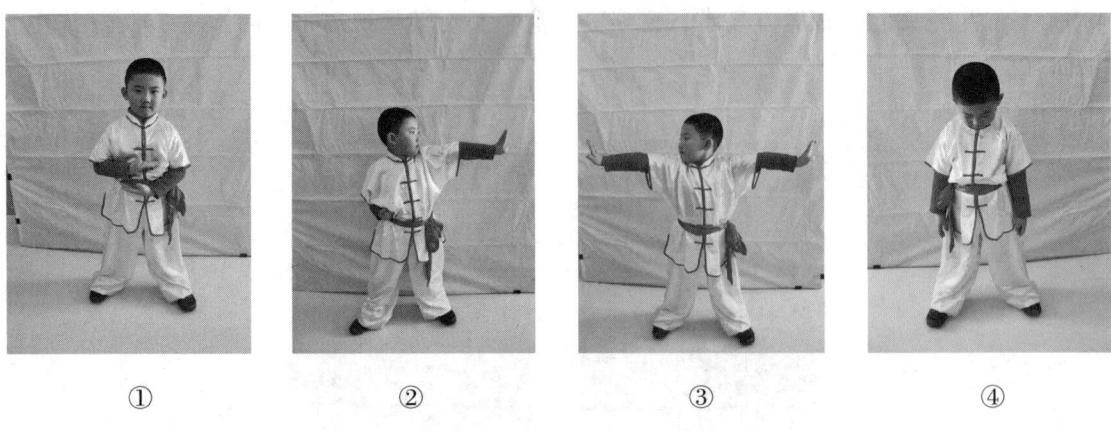

图46

动作说明：两拳变掌，经头上画圆从下拉于腹前，右手在上（图46①）；左臂经下向侧挑腕亮掌，头向左转（图46②）；左臂不动，右臂经下向侧挑腕亮掌，头向右转（图46③）；两臂垂于身体两侧，低头目视地面（图46④）。

开步劈拳

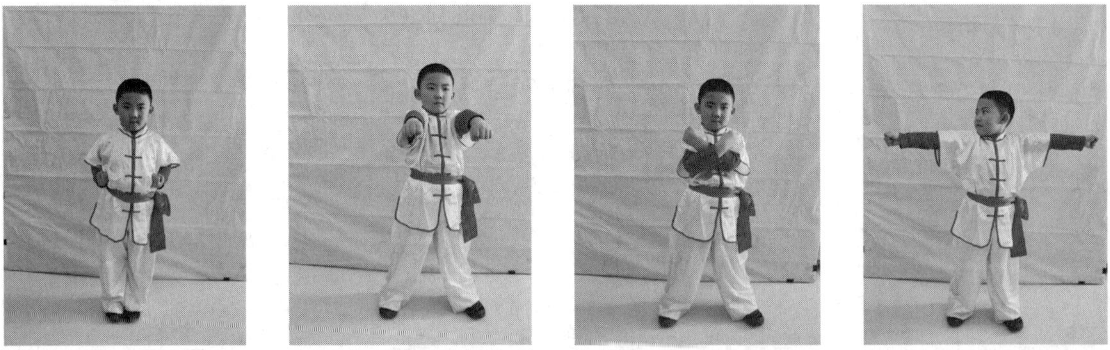

① ② ③ ④

图47

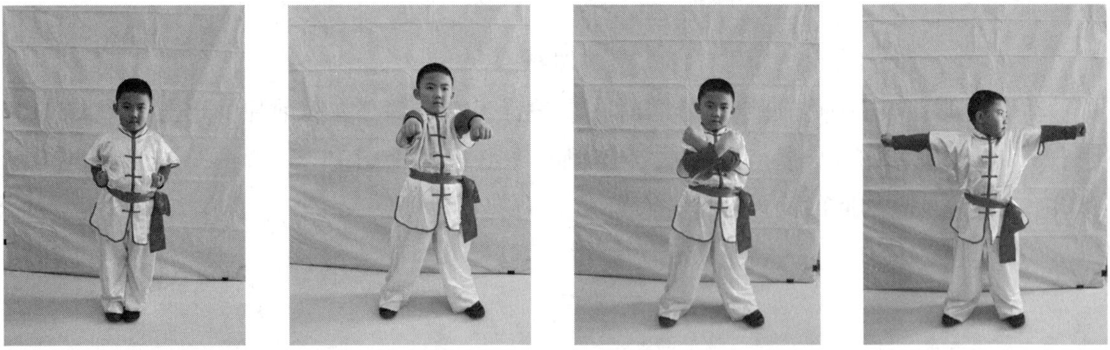

① ② ③ ④

图48

动作说明：两掌变拳收于腰间，目视前方（图47①）；左脚侧跨一步成开步，同时两臂向前冲拳，同时发声"哈"（图47②）；两臂屈臂交叉于胸前，拳心向内，左臂在内，同时发声"哈"（图47③）；两臂向上经头向体侧劈拳，头右转，目视右前方，同时发声"哈"（图47④）；收左脚，同时两拳收于腰间，目视前方（图48①）；右脚向侧一步成开步，同时两臂向前冲拳，同时发声"哈"（图48②）；两臂屈臂交叉于胸前，拳心向内，左臂在内，同时发声"哈"（图48③）；两臂向上经头向体侧劈拳，头左转，目视左前方，同时发声"哈"（图48④）。

并步砸拳

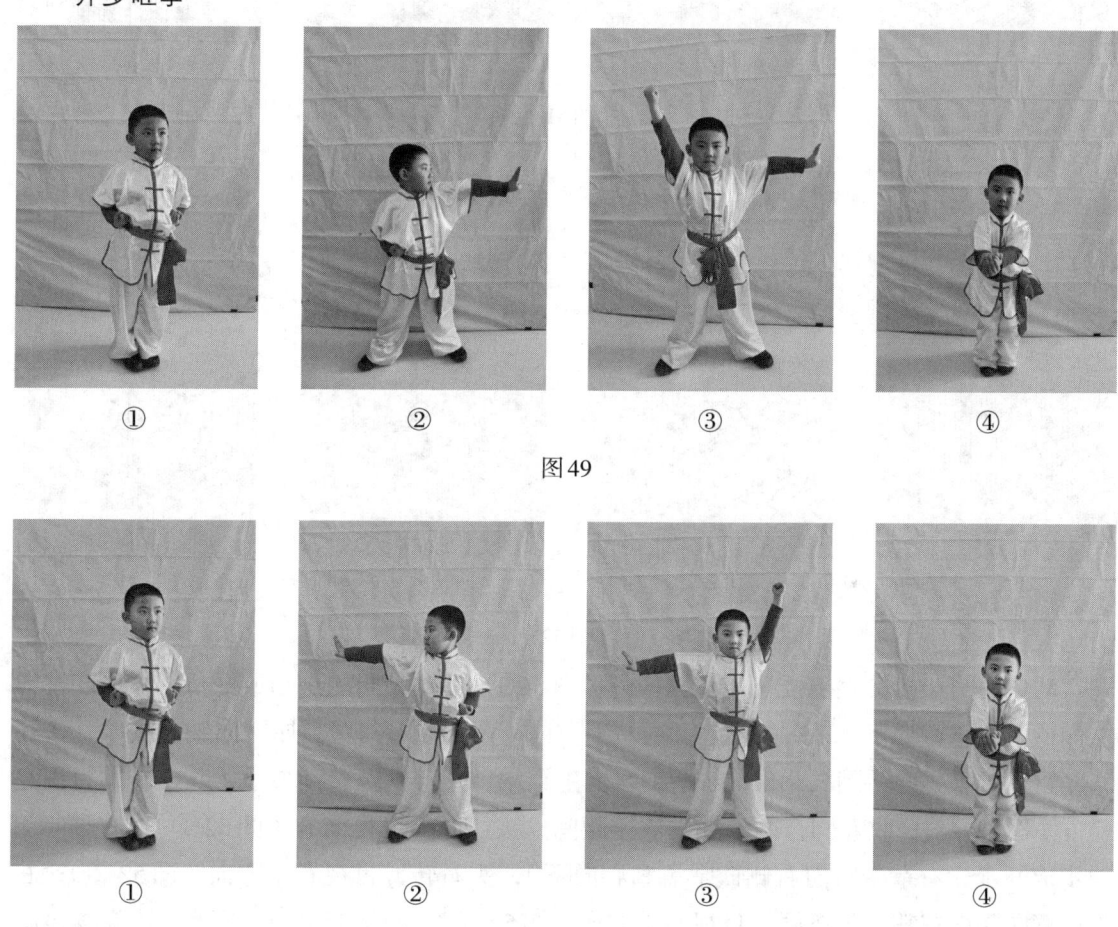

① ② ③ ④

图49

① ② ③ ④

图50

动作说明：收右脚，同时两拳收于腰间，目视前方（图49①）；左脚向侧一步成开步，同时左拳变掌，向左侧推掌（图49②）；右臂向上冲拳，目视前方（图49③）；收右脚震脚半蹲，同时右拳拳背与左掌掌心于腹前相击，同时发声"哈"（图49④）；两拳收于腰间，两腿伸直（图50①）；右脚向侧一步成开步，同时右拳变掌，向右侧推掌（图50②）；左臂向上冲拳，目视前方（图50③）；收左脚震脚半蹲，同时右拳拳背与左掌掌心于腹前相击，同时发声"哈"（图50④）。

开步穿掌

图51

图52

动作说明：两拳收于腰间，两腿伸直（图51①）；左脚向侧一步成开步，左拳变掌向左侧砍掌（掌心向下），头左转，目视左手方向（图51②）；左手屈臂向胸前按掌，头还原，目视左手方向（图51③）；右拳变掌向上穿掌，左臂摆至腰间按掌，头左转，目视左前方（图51④）；收左脚，两拳变掌收于腰间，头还原，目视前方（图52①）；右脚向侧一步成开步，右拳变掌向右侧砍掌（掌心向下），头右转，目视右手方向（图52②）；右手屈臂向胸前按掌，头还原，目视右手方向（图52③）；左拳变掌向上穿掌，右臂摆至腰间按掌，头右转，目视右前方（图52④）。

拳掌勾拍

图53

图54

动作说明：收左脚，两拳变掌收于腰间，头还原，目视前方（图53①）；左脚向侧一步成开步，两臂向前冲拳，同时发声"哈"（图53②）；两腿屈膝下蹲成马步，两拳变掌经体侧至头上抖腕亮掌，同时发声"哈"（图53③）；两腿伸直成开步，两掌变勾手向两侧屈腕成叼勾，目视前方，同时发声"哈"（图53④）；收左脚，两拳变掌收于腰间，头还原，目视前方（图54①）；右脚向侧一步成开步，两臂向前冲拳，同时发声"哈"（图54②）；两腿屈膝下蹲成马步，两拳变掌经体侧至头上抖腕亮掌，同时发声"哈"（图54③）；两腿伸直成开步，两掌变勾手向两侧屈腕成叼勾，目视前方，同时发声"哈"（图54④）。

弓步穿掌

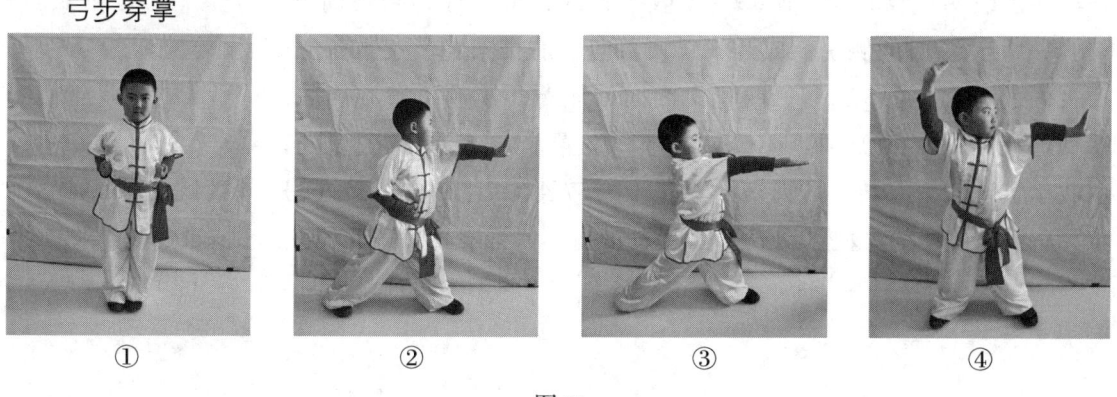

图55

图56

动作说明：收右脚，两拳变掌收于腰间，头还原，目视前方（图55①）；迈左脚成弓步，左拳变掌向侧前方推掌，目视推掌方向（图55②）；右拳变掌向左前方穿掌，左臂屈臂于胸前（图55③）；两腿伸直，右臂向头顶上方架掌，左臂向左侧推掌（图55④）；收左脚，两拳变掌收于腰间，头还原，目视前方（图56①）；迈右脚成弓步，右拳变掌向侧前方推掌目视推掌方向（图56②）；左拳变掌向左前方穿掌，右臂屈臂于右胸前（图56③）；两腿伸直，左臂向头顶上方架掌，右臂向右侧推掌（图56④）。

马步格挡

图57

动作说明：收右脚，两拳变掌收于腰间，头还原，目视前方（图57①）；左脚向侧一步成开步，两臂向腹前交叉冲拳左臂在上，目视两手方向（图57②）；两臂由内向外屈臂于胸前，拳心向后，目视前方（图57③）；两腿下蹲成马步，左臂向左侧下方格挡，右手收于腰间，头左转，目视格挡方向（图57④）；上体左转成左弓步，右臂向前冲拳，左臂收于腰间（图58）。

图58

开步撩掌

①

②

③

④

图59

动作说明：两腿伸直，左拳变掌向左侧推掌，右拳收于腰间（图59①）；右拳变掌，向头上方插掌，左掌收于腰间，目视右掌方向（图59②）；左掌由下往前撩掌，掌心向右，右掌收于腰间，目视前方（图59③）；右臂向右侧推掌，左臂屈臂于胸前立掌，头右转，目视右手方向（图59④）；左臂由下往左侧撩掌，掌心向前，右掌变拳收于腰间，头左转，目视左手方向（图60）。

图60

收势

①

②

③

图61

动作说明：上体左转成左弓步，左臂向头上方架掌，右臂向前冲拳，头右转，目视冲拳方向（图61①）；右拳变掌，收左脚，同时两臂侧平举托掌，目视前方（图61②）；右掌变拳，左掌掩右拳在胸前行抱拳礼，头还原，目视前方（图61③）。

武术操案例二

大班大刀操
天津市河西区第二十六幼儿园　王　凯

预备式：并步持刀

图62

动作说明：两脚并拢立正，身体直立，右手持刀立于右胸侧，刀尖向上，刀刃朝内，左手垂于体侧，目视前方（图62）。

开立下截

正面　　　　　　　　　　　　反面

图63

儿歌：挥刀下斩任我行。

动作说明：右脚向右横跨，两脚距离略宽于肩，脚尖向前，两脚平行；同时右手持刀由上动直接向身体右下方截击，刀尖向右下方，刀刃向后，左掌背贴于腰后方，目视前方（图63）。

开立上刺

儿歌：上扎乌云见日晴。

动作说明：两脚距离略宽于肩，脚尖向前，两脚平行；同时双手持刀由下动向正上方刺刀，刀尖向上方，刀刃向前，略向上仰头，目视刀尖方向（图64）。

图64

马步抱刀

儿歌：立刀下马问乾坤。

动作说明：左脚向左横跨一步，两脚距离稍宽于肩成马步，脚尖向前，两脚平行；同时双手握刀由上下落，屈臂抱于右肩前，刀尖向上方，刀刃向左方，头部左转，目视左方（图65）。

图65

马步推掌

儿歌：推波助澜我独尊。

动作说明：马步不动，右手握刀不动，左掌向左侧立掌推出，头部左转，目视左方（图66）。

图66

弓步推刀

儿歌：当我其谁似飞鸿。

动作说明：身体重心向左移动，左腿弓步，左脚尖微内扣，右腿膝关节绷直，右脚脚尖内扣45度，全脚掌着地；同时右手持刀向左立刀推出，左掌立于右小臂中间，刀尖向上，刀刃向前，目视前方（图67）。

图67

弓步架刀

儿歌：横刀射日力无穷。

动作说明：身体重心向右移动，成右弓步；同时右手持刀内旋横刀架于头上，手臂伸直，刀尖向左，刀刃向上，左手向左方推掌，目视左方（图68）。

图68

第一部分　幼儿体操

弓步劈刀

儿歌：开山辟地仿盘古。

动作说明：身体左转，重心左移，成左弓步；同时右手持刀外旋，由上向左平劈，刀尖向前，刀刃向下，左掌摆于左后方，目视前方（图69）。

图69

盖步下截

儿歌：回身下转如蛟龙。

动作说明：身体重心前移右转，上体微前俯，右脚尖外展向前上步，右腿屈膝前弓，左腿膝关节绷直，左脚前掌着地，脚跟提起；同时右手持刀内旋90度，由前向右后下方挥摆截刀，刀尖向右后下方，刀刃向后方，左臂伸直，左掌摆至肩部左上方，头右转，目视刀尖方向（图70）。

图70

弓步劈刀

儿歌：冲锋陷阵无胆怯。

动作说明：向前迈左脚，重心左移，成左弓步；同时右手持刀外旋，由上往左平劈，刀尖向前，刀刃向下，左掌摆于左侧下方，目视前方（图71）。

图71

扑步扫刀

儿歌：劈山斩月歼敌灭。

动作说明：左腿全蹲，左脚脚尖外转45度，右腿向右方伸出，右脚脚尖内扣90度；同时右手持刀内旋90度，由前向后下方挥摆平扫，刀尖向右下方，刀刃向后方，左掌摆于肩部左上方，头右转，目视刀尖方向（图72）。

图72

38　幼儿园体育活动的理论与实践手册

并步刺刀

儿歌：顶天立地真功夫。

动作说明：两脚并拢立正，身体直立；同时右手持刀向身体正前方平刺，刀尖向前方，刀刃向下方，左手立掌附于小臂中间，目视前方（图73）。

图73

弓步劈刀

儿歌：大展宏图不服输。

动作说明：右脚向后撤步，两脚距离稍宽于肩膀，身体重心向右移动，成右弓步；同时右手持刀外旋，由上向右平劈，刀尖向前，刀刃向下，左掌摆于肩部左上方，头右转，目视刀尖方向（图74）。

图74

弓步平砍

儿歌：横扫千军无人敌。

动作说明：身体重心向左移动至左腿，成左弓步；同时右手持刀内旋90度，由右向左平砍，刀尖向前方，刀刃向左方，左掌摆于左侧下方，目视刀尖方向（图75）。

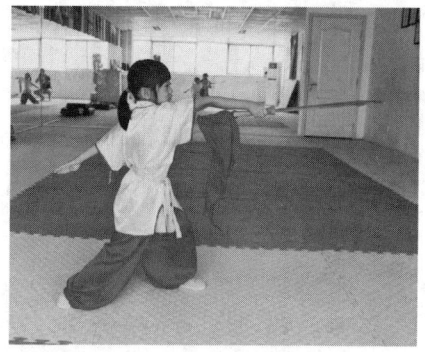

图75

歇步抱刀

儿歌：能屈能伸有缓急。

动作说明：左脚向后方撤步，两腿重叠，左脚尖跷起，右脚脚尖外转45度；同时右手持刀横刀至右侧腰间，刀尖向前方，刀刃向下方，左手扶刀背处，目视下方（图76）。

图76

第一部分　幼儿体操　39

弓步刺刀

儿歌：出其不意刺在前。

动作说明：右脚向后方撤步，身体重心左移，成左弓步；同时右手持刀向身体正前方刺出，刀尖向前，刀刃向下，左掌摆于左侧下方，目视刀尖方向（图77）。

图77

开步下截

正面

反面

图78

儿歌：自古英雄出少年。

动作说明：左脚收回成开步，身体直立；同时右手持刀由上动直接向身体右下方截击，刀尖向右下方，刀刃向后，左掌背贴于腰后方，目视前方（图78）。

（四）哑铃操

儿歌：

做套哑铃操，幼儿兴趣高。动作既整齐，节奏又很好。

刚劲有力气，击铃少不了。击铃动作变化多，上下左右要灵活。

正击、反击和双击，一拍还可连续击。

头上、耳旁、腿间击，前后体侧都可击。

变化多端有秩序，部位准确勤练习。

案例

中班哑铃操

天津市和平区第十一幼儿园　毛　玲

第一节　上肢运动（4×8拍）

第一个八拍

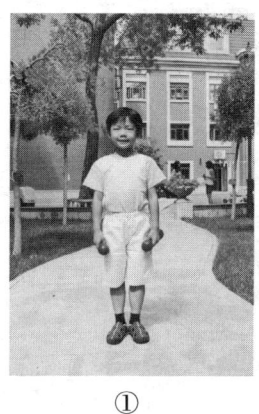  

①　　　　　　　　　　②　　　　　　　　　　③

图79

预备姿势：立正，两手抓握哑铃柄（图79①）。

1-2　两臂屈肘于胸前反击铃两次（图79②）。

3-4　两臂向下经侧摆至上举正击铃两次（图79③）。

5-6　还原成1-2动作。

7-8　还原成预备姿势。

第二个八拍动作同第一个八拍动作。

第三个八拍

 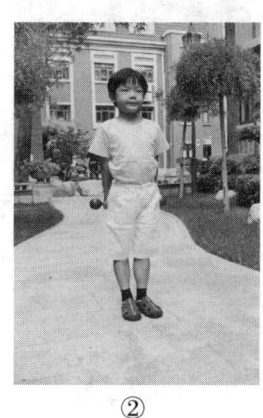 

①　　　　　　　　　　②　　　　　　　　　　③

图80

1-2　两臂前平举正击铃两次（图80①）。

3-4　两臂摆至体后击铃两次（图80②）。

5-6 两臂上举正击铃两次（图80③）。

7-8 两臂下垂正击铃一次后还原成预备姿势。

第四个八拍动作同第三个八拍动作。

第二节　下蹲运动（4×8拍）

第一个八拍

① ②

图81

1-2 两臂前举正击铃两次（图81①）。

3-4 上体稍向左转，两腿弹性下蹲，同时两臂背后击铃两次（图81②）。

5-6 还原成1-2动作。

7-8 还原成预备姿势。

第二个八拍动作同第一个八拍动作，但转体方向相反。

第三个八拍

① ② ③

图82

1-2 提踵立，同时两臂经侧摆至上举正击铃两次（图82①）。

3-4 全蹲含胸低头，同时两臂经侧摆至小腿前正击铃两次（图82②）。

5-6 半蹲，同时两臂前举正击铃两次（图82③）。

7-8 还原成预备姿势。

第四个八拍动作同第三个八拍动作。

第三节　踢腿运动（4×8拍）

第一个八拍

① ②

图83

1-2 左脚向前一步，右脚尖后点地，同时两臂上举正击铃两次（图83①）。

3-4 向前上方踢右腿，同时两臂经侧摆至右腿下正击铃一次（图83②）。

5-6 还原成1-2动作。

7-8 还原成预备姿势。

第二个八拍动作同第一个八拍动作，但换右腿做。

第三个八拍

① ②

图84

1-2 两腿弹性屈伸，同时两臂前举正、反击铃各一次（图84①）。

3- 右腿侧踢，同时两臂经侧摆至上举正击铃一次（图84②）。

4- 还原成预备姿势。

5-8 动作同1-4，但换左腿做。

第四个八拍动作同第三个八拍动作。

第四节　体侧运动（4×8拍）

第一个八拍

图85

1-2　左脚向侧一步成开立，同时两臂体前下垂正击铃两次（图85①）。

3-4　上体左侧屈，同时两臂经侧摆至上举正击铃两次（图85②）。

5-6　还原成1-2动作。

7-8　还原成预备姿势。

第二个八拍动作同第一个八拍动作，但转体方向相反。

第三个八拍

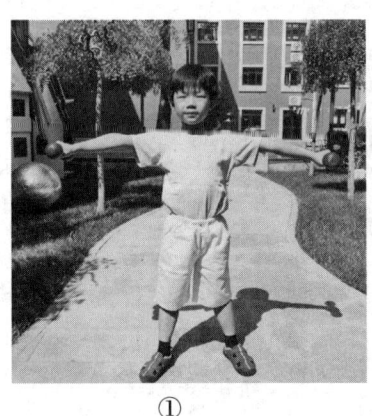 

图86

1-2　左脚向侧一步成开立，同时两臂侧举，拳心向下（图86①）。

3-4　上体左侧屈，同时两臂屈肘于左肩前上下击铃两次（右臂在上）（图86②）。

5-6　还原成1-2动作。

7-8　还原成预备姿势。

第四个八拍动作同第三个八拍动作,但方向相反。

第五节　体转运动(4×8拍)

第一个八拍

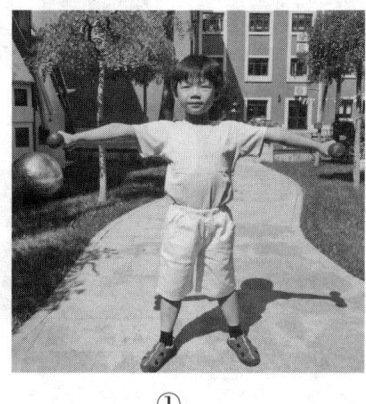 

图87

1-2　左脚向侧一步成开立,同时两臂侧举,拳心向下(图87①)。

3-4　上体左转,同时两臂前举正、反击铃各一次(图87②)。

5-6　还原成1-2动作。

7-8　还原成预备姿势。

第二个八拍动作同第一个八拍动作,但方向相反。

第三个八拍

图88

1-2　左脚向侧一步成开立,同时两臂经侧摆至上举正击铃两次(图88①)。

3-4　上体左转,同时两臂经侧摆至体后正击铃两次(图88②)。

5-6　还原成1-2动作。

7-8　还原成预备姿势。

第四个八拍动作同第三个八拍动作。

第六节　腹背运动（4×8拍）

第一个八拍

①　　　　　　　　②　　　　　　　　③

图89

1-2 上体后屈，同时两臂经侧摆至上举正击铃两次（图89①）。

3-4 上体前屈，同时直臂腿前正击铃两次（图89②）。

5-6 上体再弹性前屈，同时直臂腿后正击铃两次（图89③）。

7-8 还原成预备姿势。

第二个八拍动作同第一个八拍动作。

第三个八拍

①　　　　　　　　　　②

图90

1-2 左脚向侧一步成开立，上体后屈，同时两臂上举正击铃两次（图90①）。

3-4 上体前屈成左弓步，同时直臂在左腿后正击铃两次（图90②）。

5-6 还原成1-2动作。

7-8 还原成预备姿势。

第四个八拍动作同第三个八拍动作，但方向相反。

第七节　全身运动（4×8拍）

第一个八拍

① ② ③

图91

1-2 左脚向侧一步成开立，同时两臂上举正击铃两次（图91①）。

3-4 上体左转成左弓步，同时直臂在两腿间正击铃两次（图91②）。

5-6 半蹲，同时两臂胸前屈肘反击铃两次（图91③）。

7-8 还原成预备姿势。

第二个八拍动作同第一个八拍动作，但出右腿做。

第三个八拍

① ② ③

图92

1-2 左脚向侧一步成开立，同时两臂上举正击铃两次（图92①）。

3-4 重心后移成歇步，同时两臂屈肘在右肩前上下击铃两次（左臂在上）（图92②）。

5-6 还原成侧开立，同时两臂前举正、反击铃各一次（图92③）。

7-8 还原成预备姿势。

第四个八拍动作同第三个八拍动作，但出右腿做。

第八节 跳跃运动（2×8拍）

第一个八拍

图93

1-4 两脚交换腿跳，同时两臂前举正、反击铃各两次（图93①）。

5-6 左腿屈膝，右腿向右前方伸出脚跟着地，同时两手在右肩前上下击铃一次，还原（图93②）。

7-8 动作同5-6，但出左腿做。

第二个八拍动作同第一个八拍动作。

第九节 整理运动（2×8拍）

第一个八拍

图94

1-4 原地踏步走，同时两臂前举正、反击铃各两次（图94①）。

5- 右腿轻轻前摆，同时两臂摆至侧平举（图94②）。

6- 右腿还原，同时两臂摆至体前下垂正击铃一次。

7-8 动作同5-6，但出左腿做。

第二个八拍动作同第一个八拍动作。

案例

中班铃鼓操

天津市和平区第十一幼儿园　张　纯

器械准备：铃鼓每人一个

操节音乐：铃儿响叮当

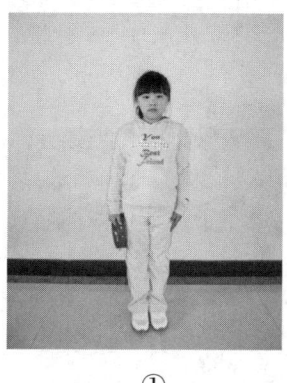
①

②

图95

预备姿势：立正站好，右手持铃鼓，两手放在身体两侧（图95①）。

持鼓动作：四指握住鼓内侧，拇指握鼓外侧。

准备活动：幼儿随着音乐的节奏双脚原地踏步，两臂在体前屈肘并有节奏地击打铃鼓共八拍（图95②）。

第一节　上肢运动（4×8拍）

第一个八拍

①
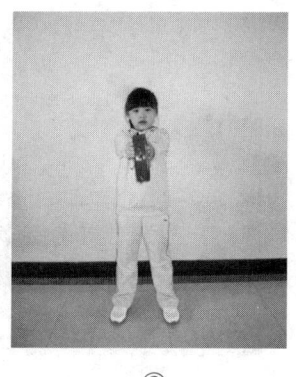
②

图96

1-2　右手握住铃鼓，两臂侧平举，同时左脚向左迈一小步与肩同宽（图96①）。

3-4　两臂前平举并连续击打铃鼓三次（图96②）。

5-6　还原成1-2动作。

7-8　还原成预备姿势。

第二、三、四个八拍动作同第一个八拍动作。

第二节 下蹲运动（4×8拍）

第一个八拍

 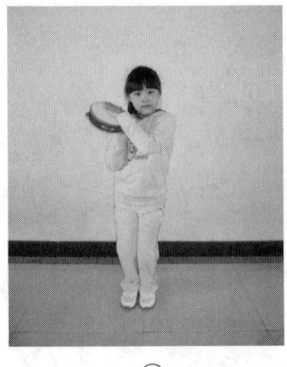

图97

1-2 两臂侧平举，身体保持直立（图97①）。

3-4 两膝弯曲，双臂在右肩前击打铃鼓三下（图97②）。

5-6 动作还原成1-2。

7-8 还原成预备姿势。

第二个八拍动作同第一个八拍动作，但换左肩前击铃鼓。

第三、四个八拍动作同第一、二个八拍动作。

第三节 踢腿运动（4×8拍）

第一个八拍

图98

1-2 左脚向前迈一小步，同时右手握住铃鼓，两臂侧平举（图98①）。

3-4 右腿向前踢，同时两臂弯曲在体前击打铃鼓三下（图98②）。

5-6 动作还原成1-2。

7-8 还原成预备姿势。

第二个八拍动作第一个八拍动作，但换左腿踢。

第三、四个八拍动作同第一、二个八拍动作。

第四节　体转运动（4×8拍）

第一个八拍

图99

1-2　左脚向左迈一小步与肩同宽，同时右手握住铃鼓，两臂侧平举（图99①）。

3-4　右臂保持不动，身体向右转，同时两手击打铃鼓三下（图99②）。

5-6　还原成1-2动作。

7-8　还原成预备姿势。

第二个八拍动作同第一个八拍动作，但方向相反。

第三、四个八拍动作同第一、二个八拍动作。

第五节　腹背运动（4×8拍）

第一个八拍

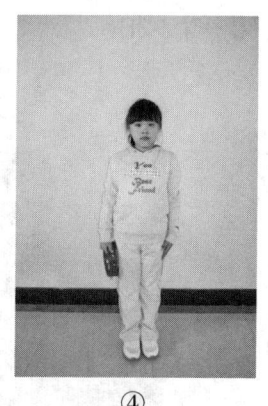

图100

1-2　右脚向体前迈一大步，右手握住铃鼓，同时双臂向上举击打铃鼓一次（图100①）。

第一部分　幼儿体操　51

3-4 上体前屈，同时两臂向下至两腿间击打铃鼓一次（图100②）。

5-6 右腿姿势不变，上体抬起，同时两臂侧平举（图100③）。

7-8 还原成预备姿势（图100④）。

第二个八拍动作同第一个八拍，但出左腿做。

第三、四个八拍动作同第一、二个八拍动作。

第六节　跳跃运动（4×8拍）

第一个八拍

① ②

图101

1-2 跳开立，同时两臂侧平举（图101①）。

3-4 跳并立，同时两臂上举击打铃鼓（图101②）。

5-6 动作同1-2。

7-8 还原成预备姿势。

第二、三、四个八拍动作同第一个八拍动作。

第七节　整理运动（2×8拍）

第一个八拍

① ② ③

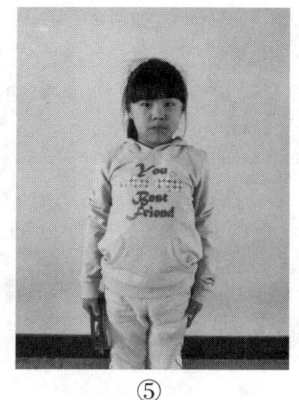

④　　　　　　　　　⑤

图 102

1-7 两脚原地踏步，右手握住铃鼓，两臂经体前在身体两侧做交叉直臂绕环，同时右手晃动铃鼓（图102①-⑤）。

8 还原成预备姿势。

第二个八拍动作同第一个八拍动作。

（五）棍棒操

儿歌：

棍棒细又长，象征面很广。可当锹、锄、扁担、桨，可当刀、剑、枪。

棍棒有局限，动作要简单。握法要灵活，位置要多变。

常做棍棒操，动作更协调。提高柔韧性，锻炼效果好。

案例

棍棒操

天津市和平区第十一幼儿园　邱新玲

预备姿势：立正，两手握棍两端1/4处，平棍，臂下垂（图103①）。

第一节　上肢运动（4×8拍）

第一个八拍

①　　　　　　　　　②　　　　　　　　　③

④　　　　　　　　⑤　　　　　　　　⑥

图 103

　　1-2 左脚向侧一步成开立，同时平棍前举（图103①-②）。

　　3-4 平棍，两臂肩侧屈（图103③）。

　　5-6 平棍，两臂伸至上举，抬头挺胸（图103④）。

　　7-8 还原成预备姿势。

第二个八拍动作同第一个八拍动作，但出右脚做。

第三个八拍

　　1-2 弹性提踵立，同时平棍，两臂摆至左侧举（图103⑤）。

　　3-4 弹性提踵立，同时平棍，两臂摆至上举（图103⑥）。

　　5-6 弹性提踵立，同时平棍，两臂摆至右侧举。

　　7-8 还原成预备姿势。

第四个八拍动作同第三个八拍动作，但方向相反。

第二节　下蹲运动（4×8拍）

第一个八拍

①　　　　　　②　　　　　　③　　　　　　④

图 104

1-2 提踵立，同时平棍前举（图104①）。

3-4 半蹲，同时翻棍两臂胸前交叉（图104②）。

5-6 还原成1-2动作。

7-8 还原成预备姿势。

第二个八拍动作同第一个八拍动作。

第三个八拍

1-2 提踵立，平棍上举（图104③）。

3-4 全蹲，同时平棍向下摆至小腿前，低头、含胸（图104④）。

5-6 还原成1-2动作。

7-8 还原成预备姿势。

第四个八拍动作同第三个八拍动作。

第三节　踢腿运动（4×8拍）

① ② ③ ④

图105

1-2 左脚向前一步，右脚尖后点地，同时平棍上举（图105①）。

3-4 向前上方踢右腿，同时平棍前举（图105②）。

5-6 还原成1-2动作。

7-8 还原成预备姿势。

第二个八拍动作同第一个八拍动作，但换另腿做。

第三个八拍

1-2 半蹲，同时平棍前平举（图105③）。

3-4 直立，右腿后踢，同时平棍上举（图105④）。

5-6 还原成1-2动作。

7-8 还原成预备姿势。

第四个八拍动作同第三个八拍动作，但换左腿做。

第四节 体侧运动（4×8拍）

第一个八拍

① ② ③ ④

图106

1-2 左脚向侧一步成开立，同时平棍上举（图106①）。

3-4 上体左侧屈，同时立棍于身体左侧（图106②）。

5-6 还原成1-2动作。

7-8 还原成预备姿势。

第二个八拍动作同第一个八拍动作，但方向相反。

第三个八拍

1-2 提踵立，同时平棍前举（图106③）。

3-4 左脚向侧一步成开立，同时立棍于右肩上，上体左侧屈（图106④）。

5-6 还原成1-2动作。

7-8 还原成预备姿势。

第四个八拍动作同第二个八拍动作，但换方向做。

第五节 体转运动（4×8拍）

第一个八拍

① ② ③ ④

图107

1-2 左脚向侧一步成开立，同时平棍前举（图107①）。

3-4 上体向左转体，同时平棍，两臂向左后摆（图107②）。

5-6 还原成1-2动作。

7-8 还原成预备姿势。

第二个八拍动作同第一个八拍动作，但方向相反。

第三个八拍

1-2 左脚向侧一步成开立，同时平棍上举（图107③）。

3-4 上体向左转体，同时左臂斜上举，右臂下摆至胸前，立棍（图107④）。

5-6 还原成1-2动作。

7-8 还原成预备姿势。

第四个八拍动作同第三个八拍动作，但方向相反。

第六节　腹背运动（4×8拍）

第一个八拍

图108

1-2 左脚向侧一步成开立，同时平棍上举，体后屈（图108①）。

3-4 上体前屈，同时平棍摆至膝前，臂下垂（图108②）。

5-6 上体再次弹性前屈，同时平棍摆至脚前，臂下垂（图108③）。

7-8 还原成预备姿势。

第二个八拍动作同第一个八拍动作。

第三个八拍

1-2 左脚向侧一步成开立，同时体前屈，平棍，臂下垂（图108④）。

3-4 全蹲，同时平棍，两臂肩侧屈（图108⑤）。

5-6 身体直立，体后屈，同时平棍上举（图108⑥）。

7-8 还原成预备姿势。

第四个八拍动作同第三个八拍动作。

第七节　刺杀运动（4×8拍）

第一个八拍

① ② ③

图109

1-2 提踵立，同时平棍前举（图109①）。

3-4 右臂屈肘于腰侧，仿持枪预备动作（图109②）。

5-6 左脚向左前方迈出一大步成弓步，同时两臂向左前方伸出，模仿刺杀动作，并发出"嘿！"的喊声（图109③）。

7-8 还原成预备姿势。

第二个八拍动作同第一个八拍动作，但方向相反。

第三、四个八拍动作同第一、二个八拍动作。

第八节　跳跃运动（2×8拍）

第一个八拍

①　　　　　　　　②　　　　　　　　③

图110

1-2 跳成两脚左右开立，同时平棍前举（图110①）。

3-4 跳还原成预备姿势。

5-6 跳成两脚左右开立，同时平棍上举（图110②）。

7-8 跳还原成预备姿势。

第二个八拍

1-2 跳成两脚左右开立，同时平棍前举（图110①）。

3-4 跳并立，同时平棍两臂肩侧屈（图110③）。

5-6 跳成两脚左右开立，同时平棍上举（图110②）。

7-8 跳还原成预备姿势。

第九节　整理运动（2×8拍）

第一个八拍

①　　　　　　　　②　　　　　　　　③

④　　　　　　　　⑤

图111

1- 弹性提踵，同时平棍前举（图111①）。

2- 还原成预备姿势。

3- 弹性提踵，同时平棍上举（图111②）。

4- 还原成预备姿势。

5- 左腿侧摆，同时平棍，两臂右侧摆（图111③）。

6- 还原成预备姿势。

7- 右腿侧摆，同时平棍，两臂左侧摆（图111④）。

8- 还原成预备姿势。

第二个八拍动作同第一个八拍动作。最后一拍还原成扛枪姿势（图111⑤）。

长棍操。四名幼儿同时正握一根长棍（大约4米长），同时向不同方向做举、摆、屈、伸、蹲、踢、转、跳等体操动作练习。长棍上还可以系上响铃，做操效果更好。

儿歌：

四人同握长棍操，相互制约协同好。动作简单并不难，横平竖直要牢记。

动作虽然有局限，双握单握可变换。集体做操不可少，整齐一致效果好。

案例

长棍集体操

天津市和平区第十一幼儿园　于　环

第一节　上肢运动（4×8拍）

第一个八拍

图112

预备姿势：四人并排站立，同握一根棍于体前下垂（图112①）。

1-2 提踵立，同时两臂前平举（图112②）。

3-4 两臂屈肘于肩前（图112③）。

5-6 两臂伸至上举，抬头挺胸（图112④）。

7-8 还原成预备姿势。

第二个八拍动作同第一个八拍动作，但出右脚做。

第三个八拍

1-2 左脚向侧一步成开立，同时两臂上举，抬头挺胸（图112⑤）。

3-4 两臂屈肘于肩前（图112⑥）。

5-6 两臂伸至前平举。

7-8 还原成预备姿势。

第四个八拍动作同第三个八拍动作，但出右脚做。

第二节 下蹲运动（4×8拍）

第一个八拍

①

②

③

④

图113

1-2 提踵立，同时两臂前平举（图113①）。

3-4 半蹲，同时两臂下垂将棍放在大腿上（图113②）。

5-6 还原成1-2动作。

7-8 还原成预备姿势。

第二个八拍动作同第一个八拍动作。

第三个八拍

1-2 提踵立，同时两臂上举（图113③）。

3-4 全蹲，同时两臂下垂将棍放在脚前（图113④）。

5-6 还原成1-2动作。

7-8 还原成预备姿势。

第四个八拍动作同第三个八拍动作。

第三节　踢腿运动（4×8拍）

第一个八拍

①

②

③

④

⑤

图114

1-2　左脚向前一步，重心前移，右脚尖后点地，同时两臂上举（图114①）。

3-4　向前踢右腿，同时两臂前平举（图114②）。

5-6　还原成1-2动作。

7-8　还原成预备姿势。

第二个八拍动作同第一个八拍动作，但出右脚做。

第三个八拍

1-2　下蹲，同时两臂持棍下垂，低头含胸（图114③）。

3-4　起立，同时向侧后踢右腿，两臂上举（图114④）。

5-6　还原成并腿站立，同时两臂前平举（图114⑤）。

7-8　还原成预备姿势。

第四个八拍动作同第三个八拍动作，但踢左腿。

第四节 体侧运动（4×8拍）

第一个八拍

图115

1-2 左脚向侧一步成开立，同时两臂上举（图115①）。

3-4 上体向右侧屈，同时右臂侧下举，左手持棍，臂上举（图115②）。

5-6 还原成1-2动作。

7-8 还原成预备姿势。

第二个八拍动作同第一个八拍动作，但方向相反。

第三个八拍

1-2 向右转体90度，同时右脚侧出一步成开立，两臂侧平举（图115③）。

3-4 上体右侧屈，同时右手叉腰，左手持棍，臂上举（图115④）。

5-6 还原成1-2动作。

7-8 还原成预备姿势。

第四个八拍动作同第三个八拍动作，但换方向做。

第五节　体转运动（4×8拍）

第一个八拍

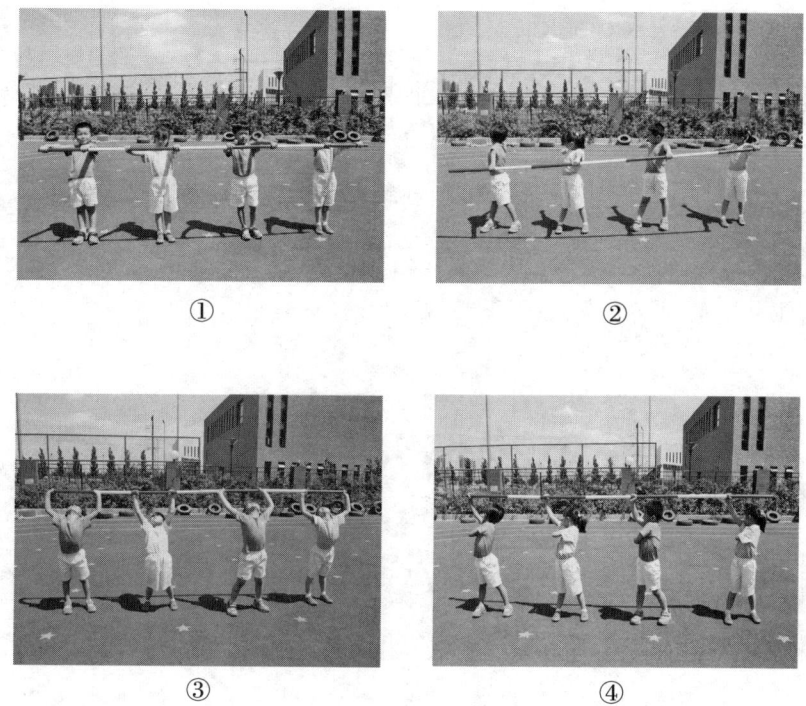

图116

1-2　并腿立，同时两臂前举（图116①）。

3-4　右脚后撤一步，同时上体向右转体90度，左手持棍不动，右臂侧举（图116②）。

5-6　还原成1-2动作。

7-8　还原成预备姿势。

第二个八拍动作同第一个八拍动作，但方向相反。

第三个八拍

1-2　右脚向侧一步成开立，同时两臂上举，抬头挺胸（图116③）。

3-4　上体向右转体90度，同时右手持棍，臂上举，左臂经侧摆至胸前平屈（图116④）。

5-6　还原成1-2动作。

7-8　还原成预备姿势。

第四个八拍动作同第三个八拍动作，但换方向做。

第六节　腹背运动（4×8拍）

第一个八拍

图117

1-2　左脚向侧一步成开立，同时两臂上举，体后屈（图117①）。

3-4　上体前屈，棍贴膝上部位，低头（图117②）。

5-6　上体再弹性前屈，棍放在脚前方，低头（图117③）。

7-8　还原成预备姿势。

第二个八拍动作同第一个八拍动作，但出右脚做。

第三个八拍

1-2　两臂上举，体后屈，同时抬头挺胸（图117④）。

3-4　上体前屈，棍放在脚前方，低头（图117⑤）。

5-6　下蹲，同时两臂持棍肩前屈（图117⑥）。

7-8　还原成预备姿势。

第四个八拍动作同第三个八拍动作。

第七节　全身运动（4×8拍）

第一个八拍

图118

1-2　左脚向前一步成弓步，同时两臂前平举（图118①）。

3-4　重心后移成后弓步，同时两臂屈肘于肩前（图118②）。

5-6　还原成1-2动作。

7-8　还原成预备姿势。

第二个八拍动作同第一个八拍动作，但出右脚做。

第三个八拍

1-2　左脚向左前方一步成弓步，同时两臂左前举（图118③）。

3-4　重心后移成后弓步，同时两臂摆至右侧举（图118④）。

5-6　还原成1-2动作。

7-8　还原成预备姿势。

第四个八拍动作同第三个八拍动作，但换方向做。

第八节 跳跃运动（2×8拍）

第一个八拍

图119

1-2 跳开立，同时两臂肩前屈肘（图119①）。

3-4 跳还原成预备姿势。

5-6 跳开立，同时两臂上举（图119②）。

7-8 跳还原成预备姿势。

第二个八拍

1-2 两脚原地交换跳，同时两臂肩前屈肘（图119③）。

3-6 两脚原地交换跳，同时两臂上举，前后轻轻晃棍。

7- 两脚原地交换跳，同时两臂肩前屈肘。

8- 还原成预备姿势。

第九节 整理运动（2×8拍）

第一个八拍

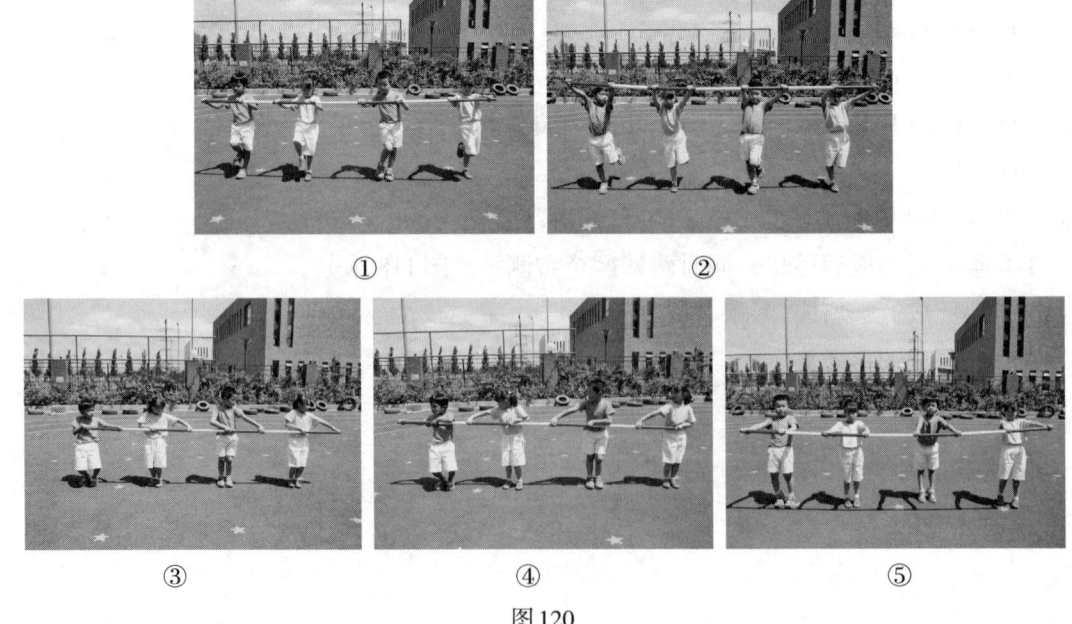

图120

1-2 原地踏步走，同时两臂轻轻前摆（图120①）。

3-4 原地踏步走，同时两臂轻轻上摆（图120②）。

5-6 还原成1-2动作。

7-8 还原成预备姿势。

第二个八拍

1-2 两腿弹性屈伸，同时两臂摆至左侧举（图120③）。

3-4 同1-2，但摆臂方向相反（图120④）。

5-6 两腿弹性屈伸，同时两臂轻轻前摆（图120⑤）。

7-8 还原成预备姿势。

（六）椅子操

儿歌：

小椅子是个宝，日常生活少不了。用它来做操，效果还真好。

站、蹲、跪、撑、坐，动作变化多。椅子不灵活，椅面动作多。

要练基本功，椅背可利用。椅子较笨重，尽量少移动。

蹬踏、平衡难，需要很勇敢。全面来锻炼，注意保安全。

案例

大班椅子操

天津市和平区第十一幼儿园　徐卫孪

预备姿势

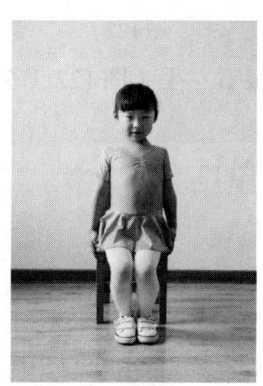

图121

两腿并拢坐在椅子上，两臂自然下垂（图121）。

第一节 上肢运动（4×8拍）

第一个八拍

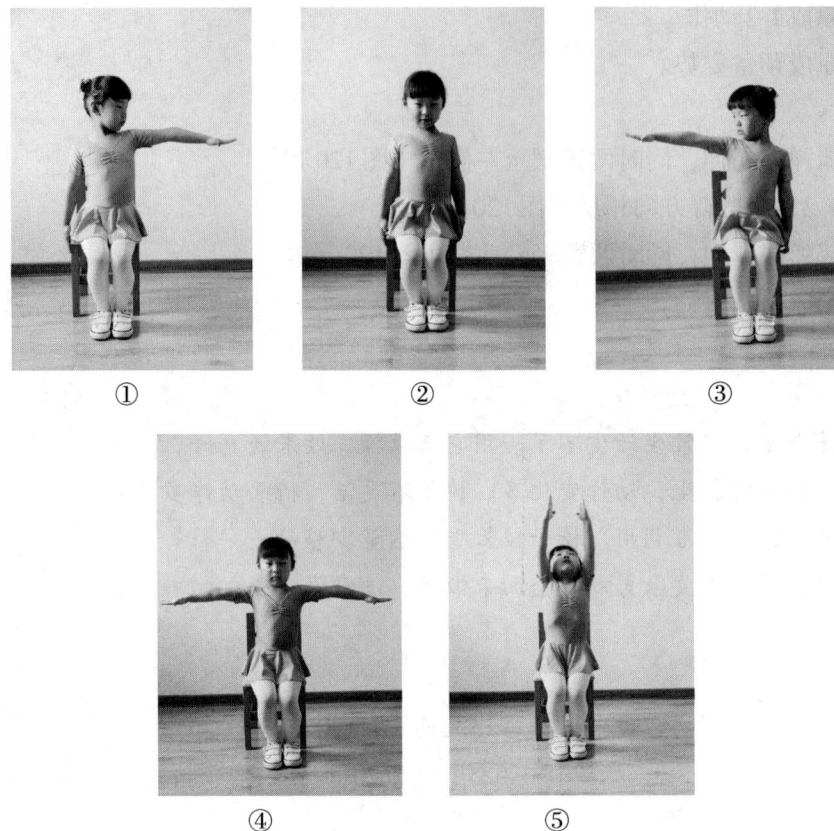

图122

1-2 左臂侧平举，五指并拢，眼看左手（图122①）。

3-4 左臂还原（图122②）。

5-6 动作同1-2，但换右臂做（图122③）。

7-8 动作同3-4。

第二个八拍

1-2 两臂侧平举（图122④）。

3-4 两臂上举，掌心相对（图122⑤）。

5-6 动作同1-2。

7-8 还原成预备姿势。

第三、四个八拍动作同第一、二个八拍动作。

第二节　扩胸运动（4×8拍）

第一个八拍

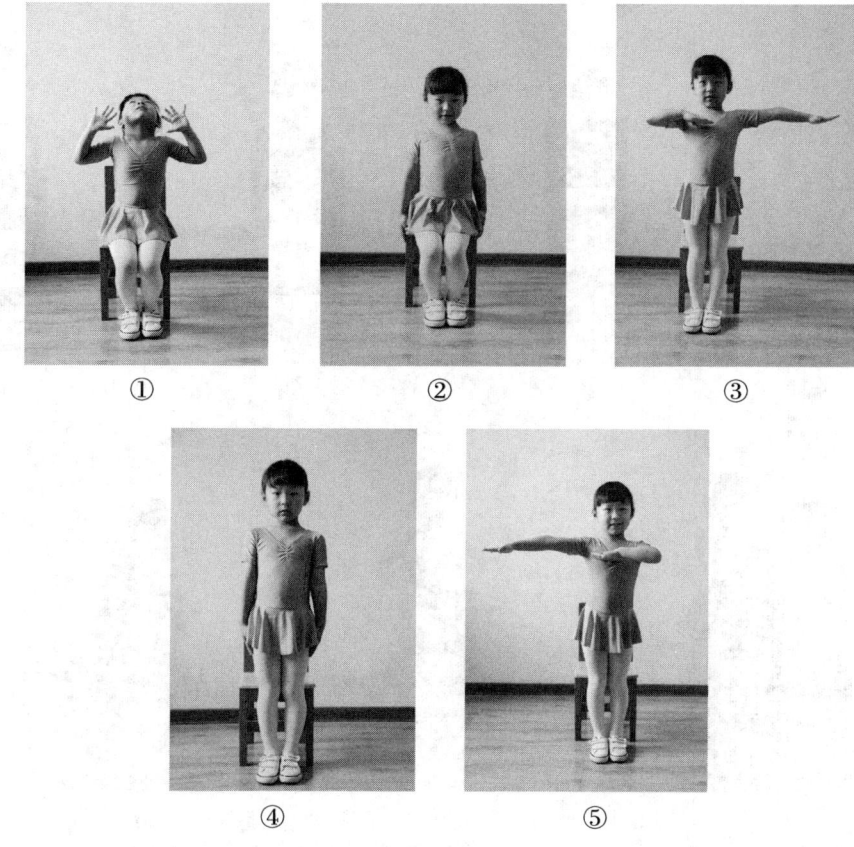

图 123

1-2　两臂胸前平屈后扩胸一次，五指分开，掌心向外（图123①）。

3-4　两臂还原至体侧下垂（图123②）。

5-6　动作同1-2。

7-8　动作同3-4。

第二个八拍

1-2　左臂侧平举，右臂胸前平屈，同时起立（图123③）。

3-4　两臂还原至体侧下垂（图123④）。

5-6　动作同1-2，但方向相反（图123⑤）。

7-8　动作同3-4。

第三、四个八拍动作同第一、二个八拍动作。

转换椅子（2×8拍）

第一个八拍

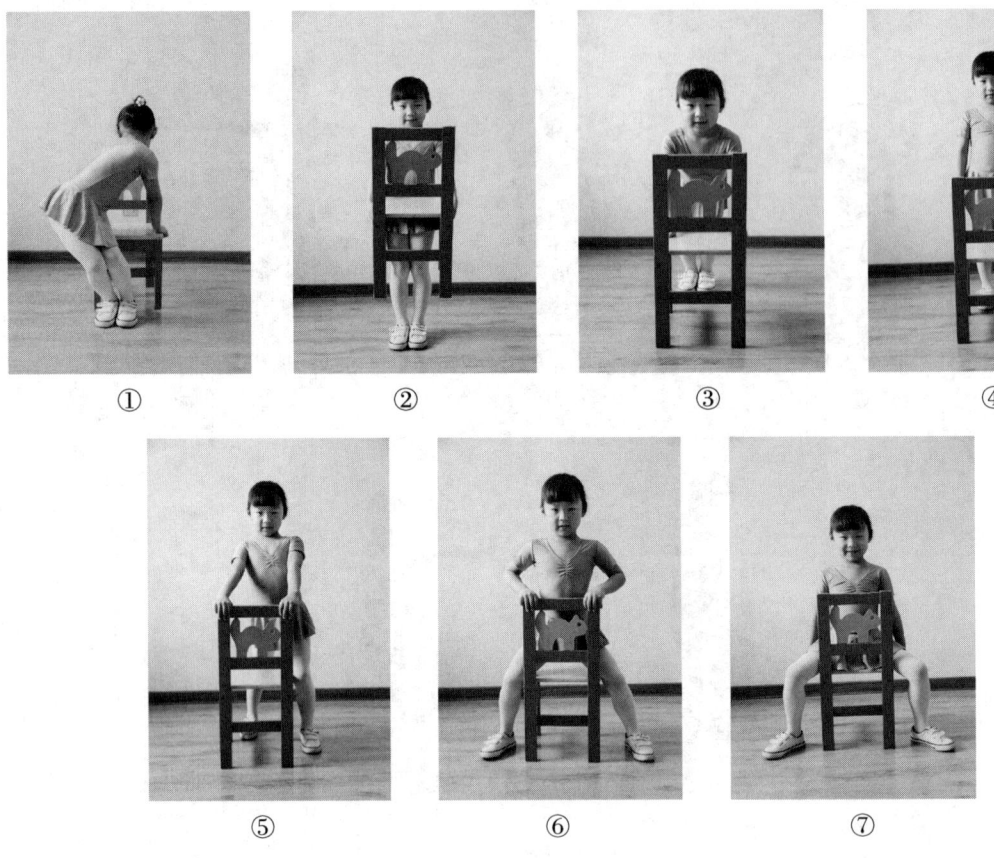

图124

1-2 上体左转180度，扶住椅子面两侧（图124①）。

3-4 双手把椅子搬起，右转体180度，面朝前方（图124②）。

5-6 将椅子放在体前（图124③）。

7-8 身体直立，面对椅子立正站好，手放在身体两侧（图124④）。

第二个八拍

1-2 两手扶住椅子，左脚迈向椅子左边（图124⑤）。

3-4 右脚迈向椅子右边（图124⑥）。

5-8 骑座在椅子上，两臂自然下垂（图124⑦）。

第三节　体侧运动（4×8拍）

第一个八拍

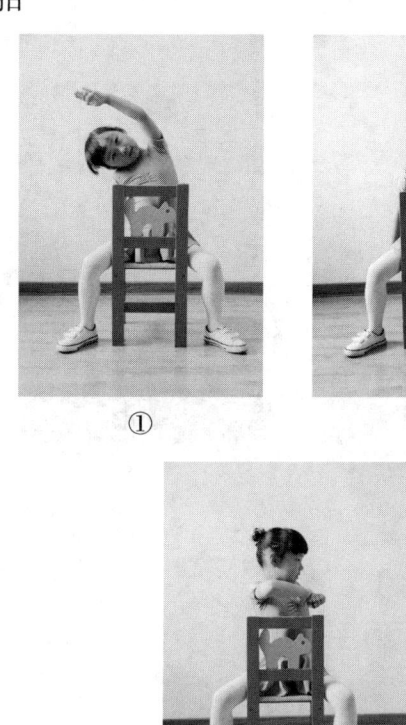

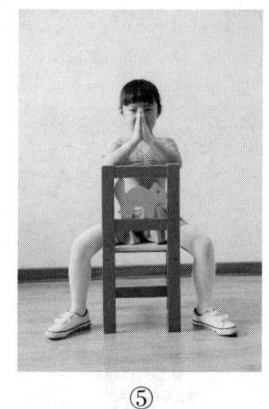

图125

1-2　上体右侧屈，同时右臂自然下垂，左臂向右振动一次（图125①）。

3-4　上体还原（图125②）。

5-6　动作同1-2，方向相反（图125③）。

7-8　动作同3-4。

第二个八拍

1-2　向左转体90度，同时两臂屈肘，双手握拳（图125④）。

3-4　上体还原，胸前击掌两下（图125⑤）。

5-6　动作同1-2。

7-8　动作同3-4。

第三、四个八拍动作同第一、二个八拍动作。

变换动作（2×8拍）

第一个八拍

①

②

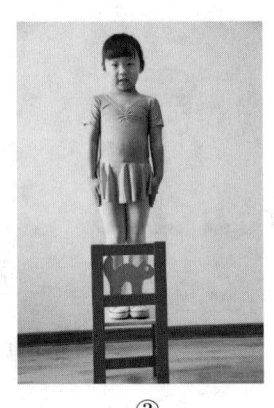
③

④

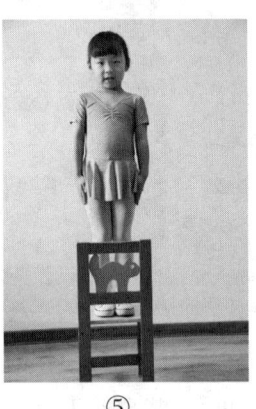
⑤

图126

1-2 左脚上椅子，同时两手扶椅子背（图126①）。

3-4 右脚上椅子（图126②）。

5-8 身体直立，站在椅子上（图126③）。

第二个八拍

1-2 胸前击掌2次（图126④）。

3-4 手臂还原（图126⑤）。

5-6 动作同1-2。

7-8 动作同3-4。

第四节　下蹲运动（4×8拍）

第一个八拍

图127

1-4　两手握拳，两臂屈肘上下重叠，同时屈膝下蹲（图127①）。

5-8　起立，同时两臂侧上举，掌心相对（图127②）。

第二、三、四个八拍动作同第一个八拍动作。

变换动作（2×8拍）

第一个八拍

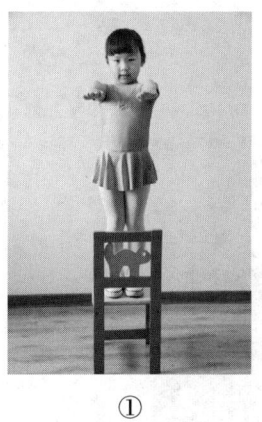 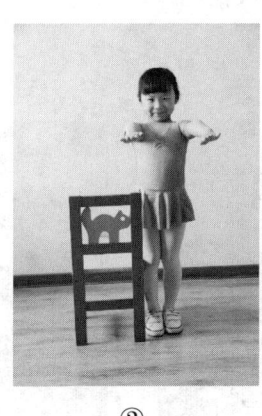 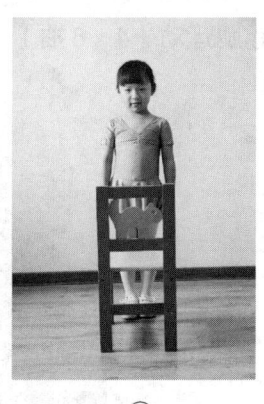

图128

1-4　两臂前平举，掌心向下（图128①）。

5-8　半蹲，同时从椅子上向左跳下，手臂前平举（图128②）。

第二个八拍

1-8　踏步走到椅子前，面对椅子站立（图128③）。

第五节　全身运动（4×8拍）

第一个八拍

①　　　　　　　　②　　　　　　　　③　　　　　　　　④

图129

1-2　两臂上举，掌心向前（图129①）。

3-4　上体前屈，两手指尖触摸椅子背（图129②）。

5-6　两腿屈膝全蹲，同时双手拍击椅子面两次（图129③）。

7-8　还原直立（图129④）。

第二、三、四个八拍动作同第一个八拍动作。

第六节　踢腿运动（4×8拍）

第一个八拍

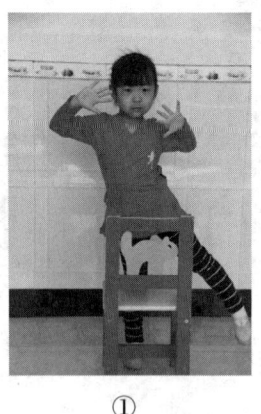 

①　　　　　　　　②

图130

1-2　两臂屈肘侧屈，五指分开，掌心向前，同时左腿侧踢一次（图130①）。

3-4　还原成直立。

5-6　动作同1-2，但换右腿侧踢。

7-8　动作同3-4。

第二个八拍

 1-2 双手扶住椅子面两侧，右腿后踢一次，同时抬头看前方（图130②）

 3-4 腿还原。

 5-6 动作同1-2，但换左腿做。

 7-8 还原成直立。

第三、四个八拍动作同第一、二个八拍动作。

 第七节　俯撑平衡（4×8拍）

第一个八拍

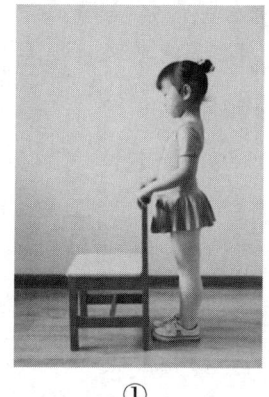 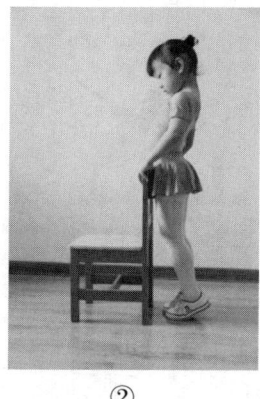 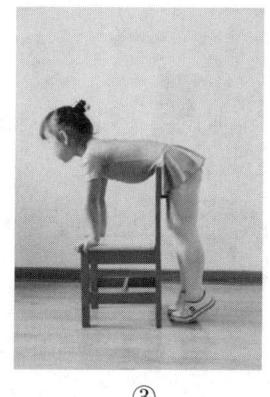 

①   ②   ③   ④

图131

 1-2 双手扶住椅子，站在椅背后（图131①）。

 3-4 双手扶住椅子背提踵立（图131②）。

 5-6 双手扶住椅子面两侧，胯贴在椅子背上（图131③）。

 7-8 两腿抬起，挺胸抬头成俯撑，目视前方（图131④）。

第二个八拍

 1-2 动作同第一个八拍7-8。

 3-4 收腹两腿放下落地，动作同第一个八拍5-6。

 5-6 椅背后站立，动作同第一个八拍3-4。

 7-8 两手扶椅背还原成第一个八拍1-2动作。

第三、四个八拍动作同第一、二个八拍动作。

第八节 侧撑运动（4×8拍）

第一个八拍

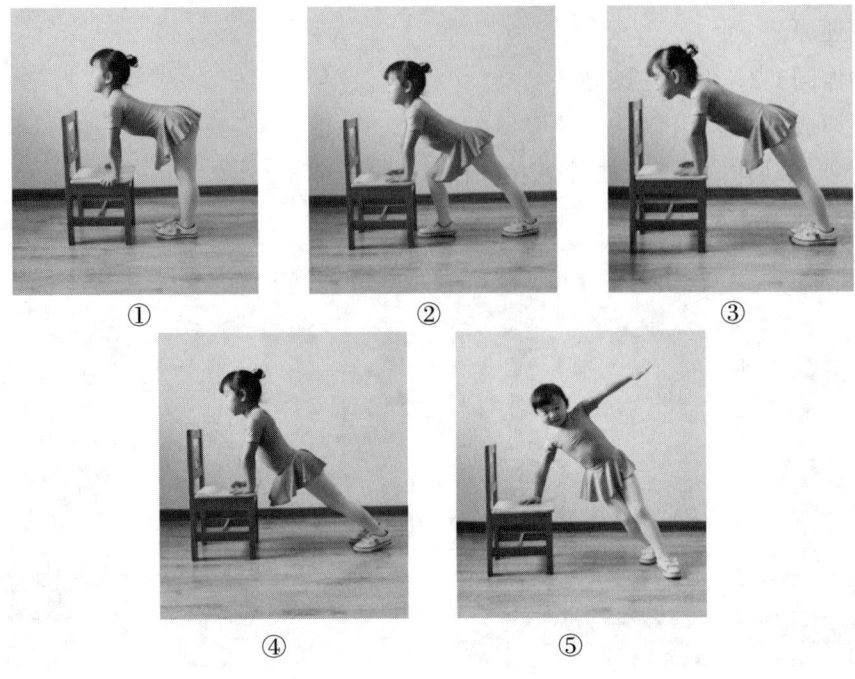

图132

1-2 双手扶住椅子面（图132①）。

3-4 左腿后退一步（图132②）。

5-6 右腿后退一步（图132③）

7-8 身体成俯撑（图132④）。

第二个八拍

1-8 身体左转，右手侧撑椅子面，左臂侧平举，成单臂侧撑（图132⑤）。

第三个八拍

转体两手交换，成左臂侧撑。

第四个八拍

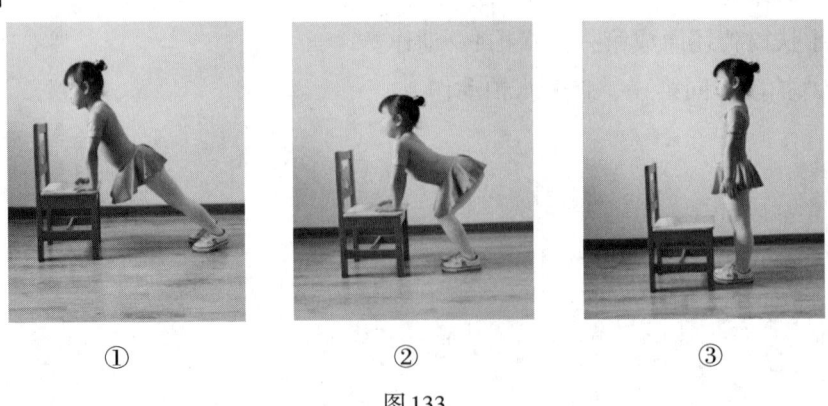

图133

1-2 转体同时两手支撑（图133①）。

3-4 左右腿依次收回（图133②）。

5-8 面对椅子站立（图133③）。

第九节　跳跃运动（4×8拍）

第一个八拍

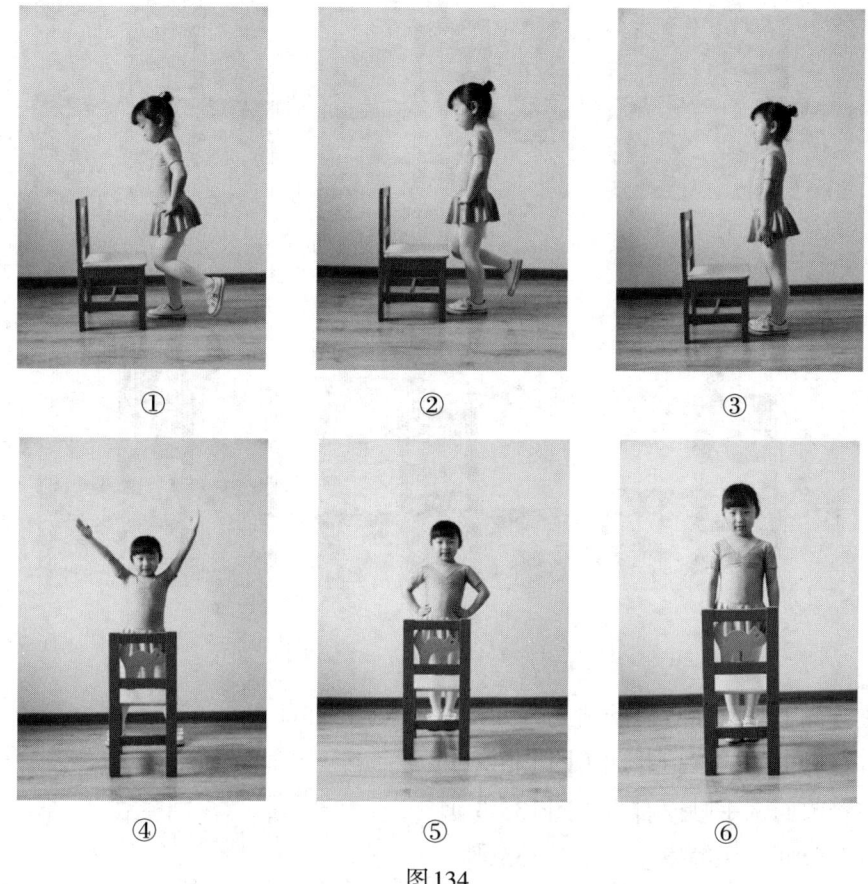

图134

1-8 两手叉腰后踢腿跑，围绕椅子逆时针跑一圈（图134①-③）。

第二个八拍

1-2 两脚跳起成左右开立，同时两手臂侧上举，掌心相对（图134④）。

3-4 两脚跳起成并立，同时两手叉腰（图134⑤）。

5-6 动作同1-2。

7-8 身体直立，两臂放在身体两侧（图134⑥）。

第三、四个八拍动作同第一、二个八拍动作。

第十节　整理运动（2×8拍）

第一个八拍

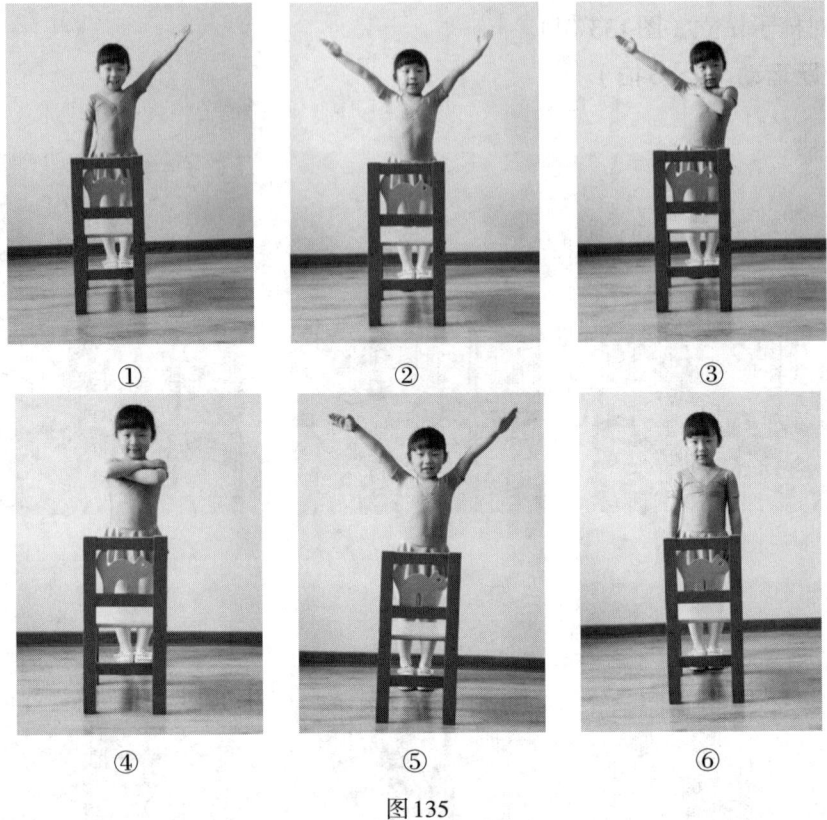

图135

1-2　左臂侧上举，面对椅子站立，五指并拢（图135①）。

3-4　右臂侧上举，五指并拢（图135②）。

5-6　左臂收回，手触摸右肩（图135③）。

7-8　右臂收回，手触摸左肩（图135④）

第二个八拍

1-2　两臂侧上举，掌心向外，提踵立（图135⑤）。

3-4　两臂放下，身体直立（图135⑥）。

5-6　动作同1-2。

7-8　动作同3-4。

（七）红旗操

儿歌：

旗棍短细直，旗面软轻飘。红旗既鲜艳，场面又活跃。

握法很单一，动作易整齐。灵活又多变，刚劲又有力。

动作幅度大，甩旗哗啦啦。组成一幅画，教育意义大。

要做旗语操，思维能提高。知识丰富了，锻炼效果好。

案例

大班红旗操

天津市和平区第十一幼儿园　詹文燕

预备姿势：立正站好，双手各持一面红旗（食指伸直与旗杆平行，大拇指与其余三个手指弯曲握旗杆），手放在身体两侧（图136）。

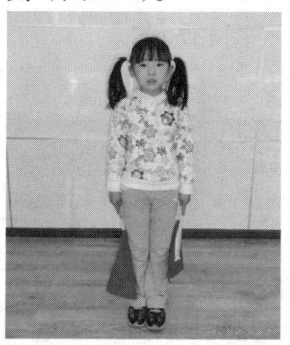

图136

第一节　上肢运动（4×8拍）

第一个八拍

①　②　③

④　⑤　⑥

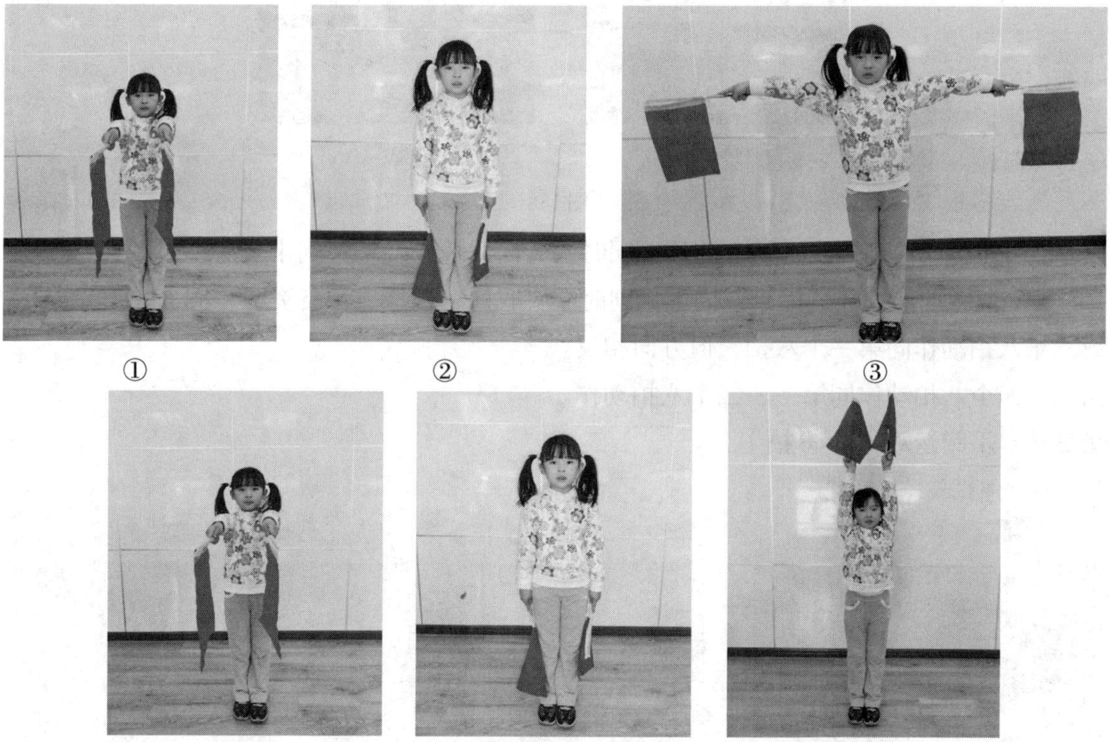

图137

1-2 挥旗至两臂前平举（图137①）。

3-4 两臂向下挥旗还原（图137②）。

5-6 挥旗至两臂侧平举，同时提踵（图137③）。

7-8 向下挥旗还原成预备姿势。

第二个八拍

1-2 挥旗至两臂前平举（图137④）。

3-4 两臂向下挥旗还原（图137⑤）。

5-6 双臂向前挥至上举，提踵（图137⑥）。

7-8 向下挥旗还原成预备姿势。

第三、四个八拍动作同第一、二个八拍动作。

第二节　臂绕环运动（4×8拍）

第一个八拍

 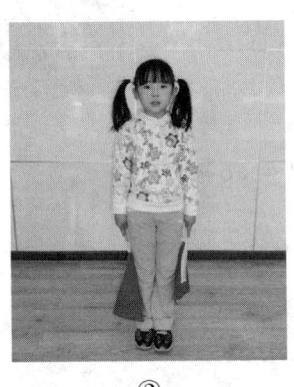

① ②

图138

1-4 左脚向前迈一步，重心前移，同时两臂向后挥摆绕环一周半至上举（图138①）。

5-8 两臂向前绕环，挥旗一周半，同时左脚收回，还原成预备姿势（图138②）。

第二个八拍动作同第一个八拍，但方向相反。

第三、四个八拍动作同第一、二个八拍动作。

第三节　下蹲运动（4×8拍）

第一个八拍

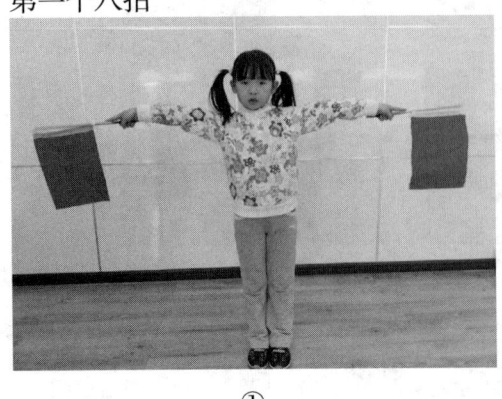  

① ② ③

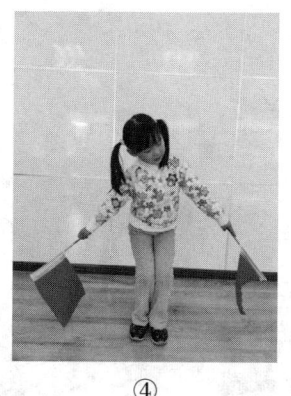 

图 139

1-2 两臂挥旗至侧平举（图139①）。

3-4 屈膝下蹲，同时两臂胸前交叉，旗杆指向水平（图139②）。

5-6 还原成1-2动作。

7-8 两臂向下挥旗还原成预备姿势。

第二个八拍

1-2 两臂经体前交叉，挥至侧上举、抬头（图139③）。

3-4 两臂体前交叉，挥至侧下举，同时屈膝，眼睛看左侧（图139④）。

5-6 两臂经体前交叉，挥至侧上举（图139⑤）。

7-8 两臂经体前交叉挥旗，还原成预备姿势。

第三个八拍动作同第一个八拍动作。

第四个八拍动作同第二个八拍动作，但方向相反。

第四节 踢腿运动（4×8拍）

图 140

第一个八拍

1-2 左脚向斜前方迈出一步，重心移至左腿，同时两臂左斜上举（图140①）。

3-4 两臂经前向右侧挥旗，向左上方踢右腿，同时两臂挥摆至右斜下举（图140②）。

5-6 还原成1-2动作。

7-8 还原成预备姿势。

第二个八拍动作同第一个八拍动作，但方向相反。

第三、四个八拍动作同第一、二个八拍动作。

第五节 体侧运动（4×8拍）

第一个八拍

图141

1-2 左脚向侧一步成开立，同时两臂挥至侧平举（图141①）。

3-4 上体向左侧屈，两臂分别经侧挥旗至右臂上举、左臂下举（图141②）。

5-6 动作同1-2。

7-8 两臂挥旗，还原成预备姿势。

第二个八拍动作同第一个八拍动作，但方向相反。

第三、四个八拍动作同第一、二个八拍动作。

第六节 体转运动（4×8拍）

第一个八拍

图142

1-2 左脚向左迈一步与肩同宽，重心在两腿之间，同时两臂挥至侧平举（图142①）。

3-4 上体左转90度，同时两臂向下挥旗成右臂腹前屈肘、左臂背后屈肘（图142②）。

5-6 两臂挥至侧平举，还原成1-2动作。

7-8 左脚收回，还原成预备姿势。

第二个八拍动作同第一个八拍动作，但方向相反。

第三、四个八拍动作同第一、二个八拍动作。

第七节　腹背运动（4×8拍）

第一个八拍

① ②

图143

1-2 左脚向左迈一步与肩同宽，重心在两腿之间，同时两臂经侧挥至头上交叉（图143①）。

3-4 上体前屈，同时两臂经侧挥旗至体前下方交叉（图143②）。

5-6 动作同1-2。

7-8 左腿收回，还原成预备姿势。

第二个八拍动作同第一个八拍动作，但方向相反。

第三、四个八拍动作同第一、二个八拍动作。

第八节　跳跃运动（4×8拍）

第一个八拍

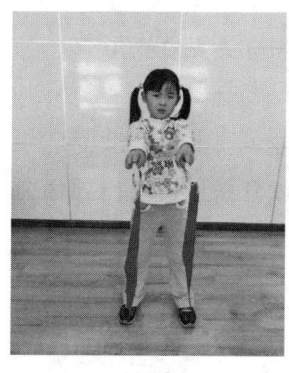 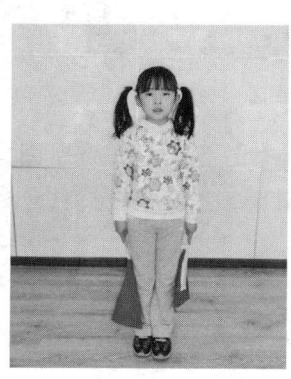 

① ② ③

④　　　　　　　　　⑤

图144

1- 跳起成左右开立，同时两臂挥旗至前平举（图144①）。

2- 跳并立，同时两臂向下挥旗还原成预备姿势（图144②）。

3- 跳起成左右开立，同时两臂挥至侧平举（图144③）。

4- 跳并立，同时两臂向下挥旗还原成预备姿势。

5- 跳起成左右开立，同时两臂挥至上举（图144④）。

6- 跳并立，同时两臂向下挥旗还原成预备姿势。

7- 跳起成左右开立，同时两臂挥至侧平举（图144⑤）。

8- 跳并立，同时两臂向下挥旗还原成预备姿势。

第二、三、四个八拍动作同第一个八拍动作。

第九节　整理运动（2×8拍）

第一个八拍

①　　　　　　　　　②

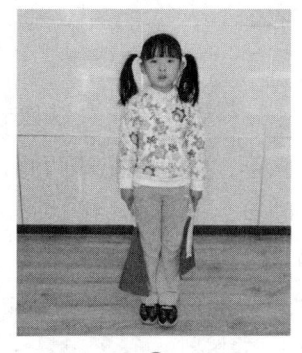

③　　　　　　　　④

图 145

原地踏步

1-2 双臂前平举（图145①）。

3-4 双臂上举（图145②）。

5-6 双臂侧平举（图145③）。

7-8 还原成预备姿势（图145④）。

第二个八拍动作同第一个八拍动作。

第三个八拍

①　　　　　　　　②

图 146

1-4 左臂斜上举、右臂斜下举，眼睛看左手，原地踏步（图146①）。

5-8 右臂斜上举、左臂斜下举，眼睛看右手，原地踏步（图146②）。

第四个八拍动作同第三个八拍动作。

（八）花球操

儿歌：

花球好看又轻巧，能变大来能变小。手持花球来做操，健身效果还真好。

举摆屈伸都能做，方位变化很灵活。动作变换花样多，单手双手都能握。

还能变换队形做，图案变化也不错。幼儿爱做花球操，健身一定有效果。

第一部分　幼儿体操　87

案例

花球操

天津市河西区第二幼儿园集体创编

预备姿势： 立正，两手握花球两侧，花球合拢，两臂下垂于体前（图147①）。

第一节　上肢运动（4×8拍）

第一个八拍

① ② ③ ④

图147

1-2　左脚向侧一步成开立，同时花球合拢，臂前举（图147②）。

3-4　两臂上举，花球打开，抬头挺胸（图147③）。

5-6　两臂前举，花球合拢，眼看花球（图147④）。

7-8　还原成预备姿势。

第二个八拍动作同第一个八拍动作，但出右脚做。

第三、四个八拍动作同第一、二个八拍动作。

第二节　下蹲运动（4×8拍）

第一个八拍

① ② ③ ④

图148

预备姿势：立正，左手持花球，花球合拢，两臂下垂于体侧（图148①）。

1-2 侧平举，两脚不动（图148②）。

3-4 全蹲，屈肘于左耳边，同时右手轻轻拍花球，微向左歪头（图148③）。

5-6 还原成1-2动作。

7-8 还原成预备姿势。

第二个八拍动作同第一个八拍动作，但方向相反。

第三、四个八拍动作同第一、二个八拍动作。

第三节 体侧运动（4×8拍）

第一个八拍

① ② ③

图149

预备姿势：立正，两手握花球两侧，花球合拢，两臂下垂于体前（图149①）。

1-2 左脚向侧一步成开立，同时花球合拢，臂上举（图149②）。

3-4 上体向左侧屈，同时花球打开于身体左侧（图149③）。

5-6 还原成1-2动作。

7-8 还原成预备姿势。

第二个八拍动作同第一个八拍动作，但方向相反。

第三、四个八拍动作同第一、二个八拍动作。

第四节 体转运动（4×8拍）

第一个八拍

① ② ③

图150

预备姿势：立正，两手握花球两侧，花球合拢，两臂下垂于体前（图150①）。

1-2 左脚向侧一步成开立，同时花球合拢，臂前举（图150②）。

3-4 上体向左转体90度，同时花球打开（图150③）。

5-6 还原成1-2动作。

7-8 还原成预备姿势。

第二个八拍动作同第一个八拍动作，但方向相反。

第三、四个八拍动作同第一、二个八拍动作。

第五节 腹背运动（4×8拍）

第一个八拍

① ② ③ ④

图151

预备姿势：立正，右手持花球，花球合拢，两臂下垂于体侧（图151①）。

1-2 左脚向侧一步成开立，同时花球合拢两臂侧平举（图151②）。

3-4 上体前屈，同时两手于左腿后交换持花球（图151③）。

5-6 还原成1-2动作，但左手持花球（图151④）。

7-8 还原成预备姿势。

第二个八拍动作同第一个八拍动作，但方向相反，花球交换回右手中。

第三、四个八拍动作同第一、二个八拍动作。

第六节　跳跃运动（4×8拍）

第一个八拍

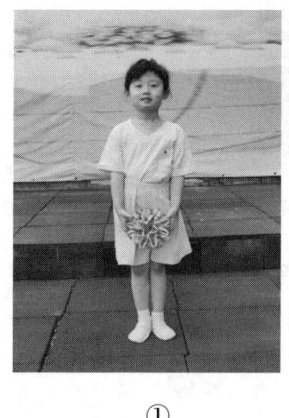   

①　　　　　　　②　　　　　　　③　　　　　　　④

图152

预备姿势：立正，两手握花球两侧，花球合拢，两臂下垂于体前（图152①）。

1-2　两脚原地向上跳一次，同时花球合拢，臂前举，并向左侧摆动一次（图152②）。

3-4　动作同1-2，但花球向右侧摆动一次（图152③）。

5-8　原地跑步，同时花球打开，臂前举，并前后转动花球（图152④）。

第二个八拍动作同第一个八拍动作，但方向相反。

第三、四个八拍动作同第一、二个八拍动作。

第七节　整理运动（4×8拍）

第一个八拍

①　　　　　　　　②　　　　　　　　③

第一部分　幼儿体操

④　　　　　　　　　　　⑤

图153

预备姿势：立正，左手持花球，花球合拢，两臂下垂于体侧（图153①）。

1-4　原地踏步，同时两手于体前交叉，侧绕至头上交叉（图153②-④）。

5-8　原地踏步，两手经侧平举（图153⑤）还原成预备姿势。

第二个八拍动作同第一个八拍动作。

第三、四个八拍动作同第一、二个八拍动作。

花球操变换练习一（4×8拍）

预备姿势：立正，两手握花球两侧，前排幼儿两臂屈肘，花球合拢，后排幼儿两臂上举，花球打开（图154①）。

第一个八拍

①　　　　　　　　　　　②

③　　　　　　　　　　　　　④

图154

  1-8　第一排屈肘于胸前，花球合拢，第二排两臂上举，同时花球打开，两排踏步前后交换位置（图154②）。

第二个八拍

  1-2　立正，前后排幼儿同时两臂屈肘于胸前，花球合拢，同时头向左点（图154③）。

  3-4　动作同1-2，但方向相反（图154④）。

  5-8　重复1-4动作。

第三、四个八拍动作同第一、二个八拍动作。

花球变换练习二（4×8拍）

  预备姿势：两路纵队，立正，两手握花球两侧，花球合拢，两臂下垂于体前。

第一个八拍

①　　　　　　　　　　　　　②

③　　　　　　　　　　　　　　④

图155

1-8 右路纵队屈肘于胸前，花球合拢，走到左路纵队后，同时左路纵队两臂上举，花球打开，原地踏步（图155①）。

第二个八拍

1-4 左路纵队幼儿左脚跟向左侧点地，同时两手向左侧伸出，花球打开，右路纵队幼儿动作相反（图155②）。

5-8 两队幼儿同时两臂屈肘于胸前，花球合拢（图155③）。

第三个八拍动作同第二个八拍动作，但方向相反。

第四个八拍

1-8 两臂上举，花球打开，左路纵队还原成预备姿势返回原地，右路纵队原地踏步（图155④）。

花球变换练习三（8×8拍）

预备姿势：立正，两手持花球，花球合拢，两臂下垂于体前（图156①）。

第一个八拍

1-8 两队幼儿左臂高举，花球打开，右臂侧举，眼看花球，同时逆时针踏步成圆圈（图156②-③）。

①　　　　　　　　②　　　　　　　　　③

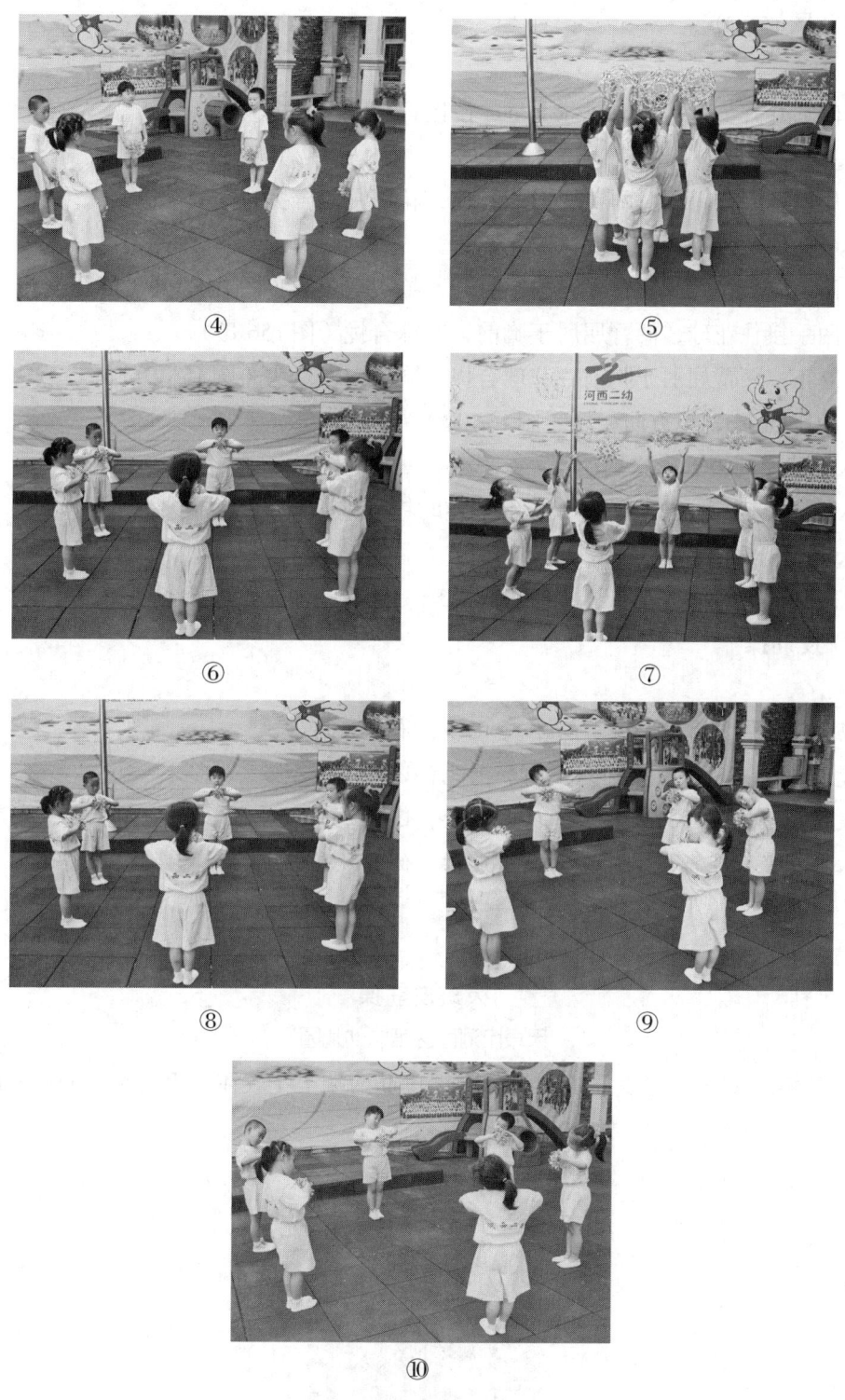

图156

第二个八拍

1-8 继续沿圆圈逆时针踏步行进。最后一拍立定,面向圆心,同时两臂下垂于体前,花球合拢（图156④）。

第三个八拍

 1-8 向圆心齐步走，同时花球上举，慢慢打开（图156⑤）。

第四个八拍

 1-8 后退至原位，同时两臂屈肘于胸前，花球慢慢合拢（图156⑥）。

第五个八拍

 1-2 两手向上抛花球，花球在空中打开，抬头看花球（图156⑦）。

 3-4 两手接住花球，两臂屈肘于胸前，花球合拢（图156⑧）。

 5-6 立正，两臂屈肘于胸前，花球合拢，同时向右点头（图156⑨）。

 7-8 动作同5-6，但方向相反（图156⑩）。

第六个八拍动作同第五个八拍动作。

第七个八拍动作同第一个八拍动作，继续逆时针行进。

第八个八拍

 1-8 回到原位，原地踏步，同时眼看花球。最后一拍还原成预备姿势。

（九）皮筋操

儿歌：

 皮筋有弹性，可松也可紧。动作变化多，有屈又有伸。

 幅度要变大，尽量用力抻。皮筋加上花，还可变造型。

 图案变化多，场面又新颖。不仅能做操，还能练弹跳。

 一人多人做，变化很灵活。常做皮筋操，健身效果好。

案例

大班皮筋操

天津市河西区第六幼儿园

 预备姿势：立正，将皮筋折四折两手握皮筋两端（花放在右手边），自然下垂于体前（图157）。

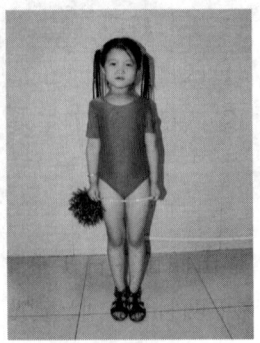

图157

第一节　上肢运动（2×8拍）

第一个八拍

图158

1-2　两手握皮筋，两臂前平举，同时左脚向左侧迈一步成开立（图158①）。

3-4　两手握皮筋，左臂前平举，右臂上举将皮筋拉直（图158②）。

5-6　动作同1-2。

7-8　还原成预备姿势。

第二个八拍动作同第一个八拍动作，但方向相反。

第二节　下蹲运动（2×8拍）

第一个八拍

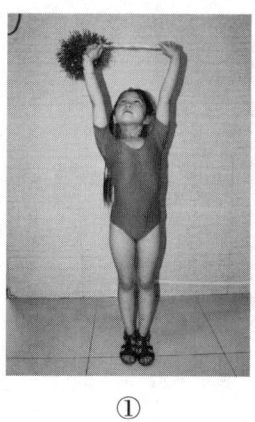  

图159

1-2　两臂侧上举，拉直皮筋（图159①）。

3-4　两手于头后经屈肘向右拉直皮筋，同时屈膝半蹲（图159②）。

5-6　动作同3-4，但向左拉直皮筋（图159③）。

7-8　还原成预备姿势。

第二个八拍动作同第一个八拍动作，但方向相反。

第三节　体转运动（2×8拍）

第一个八拍

图160

1-2　右脚向右侧迈一步成开立，两臂上举拉直皮筋（图160①）。

3-4　身体右转成右弓步，同时两臂于头后经屈肘左臂拉直皮筋（图160②）。

5-6　右腿直膝，重心前移，左脚尖后点地，同时两臂侧上举（图160③）。

7-8　还原成预备姿势。

第二个八拍动作同第一个八拍动作，但方向相反。

第四节　体侧运动（2×8拍）

第一个八拍

图161

1-2　两臂侧上举，拉直皮筋（图161①）。

3-4　左脚侧出一步，脚跟着地，同时上体向左侧屈（图161②）。

5-6　动作同1-2。

7-8　还原成预备姿势。

第二个八拍动作同第一个八拍动作，但方向相反。

第五节　体转运动（2×8拍）

① ②

图162

第一个八拍

　　1-2　左脚侧出一步与肩同宽，同时两臂前平举拉直皮筋（图162①）。

　　3-4　左臂斜上举，右臂胸前屈，拉直皮筋，同时重心移到左侧（图162②）。

　　5-6　动作同1-2。

　　7-8　与3-4动作相同，但方向相反，最后还原成预备姿势。

第二个八拍动作同第一个八拍动作，但方向相反。

第六节　腹背运动（2×8拍）

第一个八拍

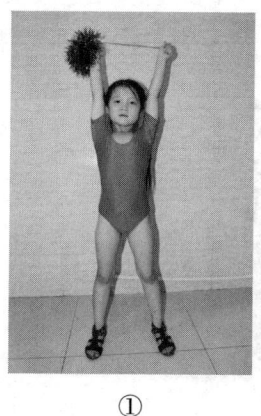  

① ② ③

图163

　　1-2　两臂上举，两手拉直皮筋，同时左脚向左侧迈一步成开立（图163①）。

　　3-4　上体前屈，同时两手在左脚前拉直皮筋（图163②）。

　　5-6　上体弹性前屈，同时两手在右脚前拉直皮筋（图163③）。

　　7-8　还原成预备姿势。

第二个八拍动作同第一个八拍动作，但方向相反。

第七节　扩胸运动（2×8拍）

第一个八拍

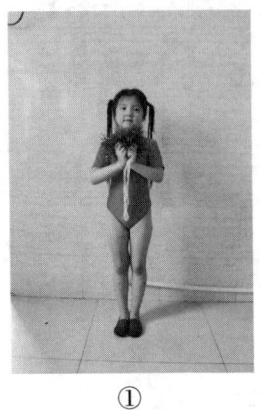 

① ②

图164

1-2　两手持两折皮筋两端小花处，两臂屈肘于胸前（图164①）。

3-4　左脚向前一步成弓步，同时两臂侧平举（扩胸）（图164②）。

5-6　动作同1-2。

7-8　还原成预备姿势。

第二个八拍动作同第一个八拍动作，但方向相反。

第八节　踢腿运动（4×8拍）

第一个八拍

① ②

图165

1-2　右脚踩在两折皮筋的下端，两手拉直皮筋前平举（图165①）。

3-4　右脚踩住皮筋向前踢腿，同时两臂屈肘于肩前，上体后倾（图165②）。

5-8　重复1-4动作两次，最后还原成预备姿势。

第二个八拍动作同第一个八拍动作，但换左脚做。

第三、四个八拍动作同第一、二个八拍动作。

第九节 跳跃运动（2×8拍）
第一个八拍

图166

1-2 将皮筋折回四折，小花朝前，放在左（右）脚旁，两手叉腰（图166①）。

3-6 两手叉腰，同时跳起左（右）脚越过小花侧点地（图166②）。

7-8 两人交换位置，还原成预备姿势（图166③）。

第二个八拍动作同第一个八拍动作，但方向相反。

第十节 放松整理（2×8拍）
第一个八拍

 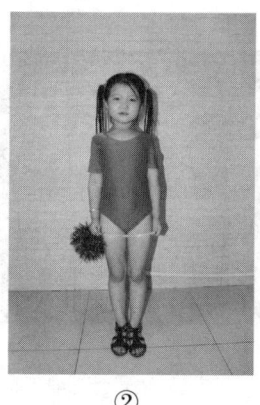  

图167

1-2 两手握皮筋，两臂前平举，弹性提踵一次（图167①）。

3-4 还原成准备姿势（图167②）。

5-6 两臂摆至左侧举，弹性提踵一次（图167③）。

7-8 两臂摆至右侧举，弹性提踵一次（图167④），最后还原成预备姿势。

第二个八拍动作同第一个八拍动作，但方向相反。

皮筋操变换练习

变换练习一（2×8拍）

预备姿势：幼儿站成一路纵队，两手持两折皮筋两端小花处于胸前（图168①-②）。

①

②

③

图168

第一个八拍

1-4 单数幼儿左脚向左侧迈一步成弓步，同时左臂侧上举、右臂侧下举拉直皮筋；双数幼儿右脚向右侧迈一步成弓步，同时右臂侧上举、左臂侧下举拉直皮筋（图168③）。

5-8 还原成预备姿势。

第二个八拍动作同第一个八拍动作，但方向相反。

变换练习二（2×8拍）

幼儿站成三角形队形。

①

②

图169

第一个八拍

1-2 幼儿两手持两折皮筋两端小花处于胸前（图169①）。

3-4 右脚向前一步成弓步，同时两臂侧平举拉直皮筋（图169②）。

5-8 动作同1-4，但出左脚做，最后还原成预备姿势。

第二个八拍动作同第一个八拍动作。

变换练习三（4×8拍）

幼儿站成圆形队

图170

第一个八拍

幼儿左臂侧上举、右臂侧下举拉直皮筋，同时沿逆时针踏步行进（图170①）。

第二个八拍

继续沿逆时针踏步行进，同时两臂交换位置，拉直皮筋（图170②）。

第三个八拍

单数幼儿同时下蹲，手臂动作不变，拉直皮筋（图170③）。

第四个八拍

动作同第三个八拍，单、双两数幼儿交换动作（图170④）。

（十）亲子操

儿歌：

亲情教育很重要，情感交流少不了。家庭常做亲子操，健身交流有必要。

不论场地大或小，都能开展亲子操。坚持常做亲子操，亲情健身都会好。

案例

幼儿亲子操

天津市和平区第十一幼儿园　戴　琳　唐靓靓

第一节　上肢运动（2×8拍）

预备姿势：父子面相对，手拉手立正站立。

①　　　　　　　　　②　　　　　　　　　③

图171

第一个八拍

    1- 两臂同时前平举（图171①）。

    2- 父亲将幼儿两臂提至上举（图171②）。

    3- 父子半蹲，同时两臂向两侧伸展（图171③）。

    4- 还原成预备姿势。

    5-8　动作同1-4。

第二个八拍动作同第一个八拍动作。

第二节　下蹲运动（2×8拍）

第一个八拍

①　　　　　　　　　②　　　　　　　　　③

图172

    1- 父子下蹲，同时两臂伸直前举（图172①）。

    2- 幼儿下蹲，父亲站直（图172②）。

    3- 父亲下蹲，幼儿站直（图172③）。

    4- 还原成预备姿势。

    5-8　动作同1-4。

第二个八拍动作同第一个八拍动作。

第三节　体侧运动（2×8拍）

第一个八拍

  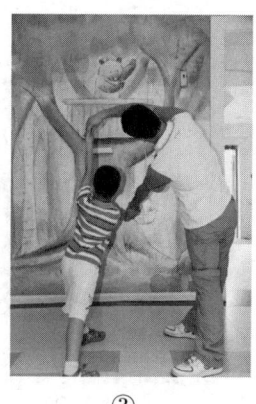

①　　　　　　　　　　　②　　　　　　　　　　③

图173

1- 父子面对面手拉手，同侧脚向侧一步与肩同宽成开立，同时两臂向两侧伸展（图173①）。

2- 父子同时向同一侧转体90度，幼儿一臂上举，另一臂自然向下（图173②）。

3- 动作同2，但方向相反（图173③）。

4- 还原成预备姿势。

5-8 动作同1-4。

第二个八拍动作同第一个八拍动作。

第四节　体转运动（2×8拍）

第一个八拍

①　　　　　　②　　　　　　③　　　　　　④

图174

1- 父子面对面手拉手，双臂伸直站立（图174①）。

2-4 父亲右手牵幼儿左手，以此为圆心，幼儿原地逆时针旋转一周（图174②-④）。

5-8 动作同1-4，但父亲以左手牵幼儿旋转一周。

第二个八拍动作同第一个八拍动作。

第五节　腹背运动（2×8拍）

第一个八拍

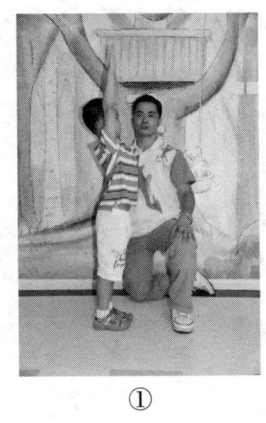  

① ② ③

图175

1- 父亲单腿跪，幼儿立正站在父亲跪地腿一侧，同时两臂上举（图175①）。

2-3 幼儿体前屈，俯卧在父亲大腿上，同时两手指尖触地（图175②）。

4- 幼儿成立正姿势站好（图175③）。

5-8 动作同1-4。

第二个八拍动作同第一个八拍动作。

第六节　跳跃运动（2×8拍）

   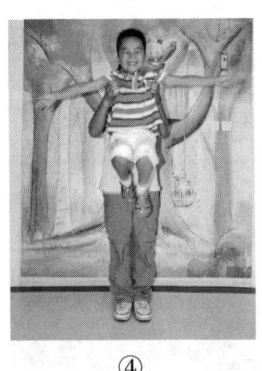

① ② ③ ④

图176

第一个八拍

1-4 父子面对面，幼儿以父亲双手为支撑，连续向上跳跃四次（图176①-②）。

5-8 动作同1-4。

第二个八拍

1- 父亲双手托扶幼儿腋下，向上托举（图176③），幼儿连续向上跳跃。

2- 幼儿向上跳跃一次（图176④）。

3-8 动作同1-2，幼儿向上跳跃三次。

第七节　摆体运动（2×8拍）

第一个八拍

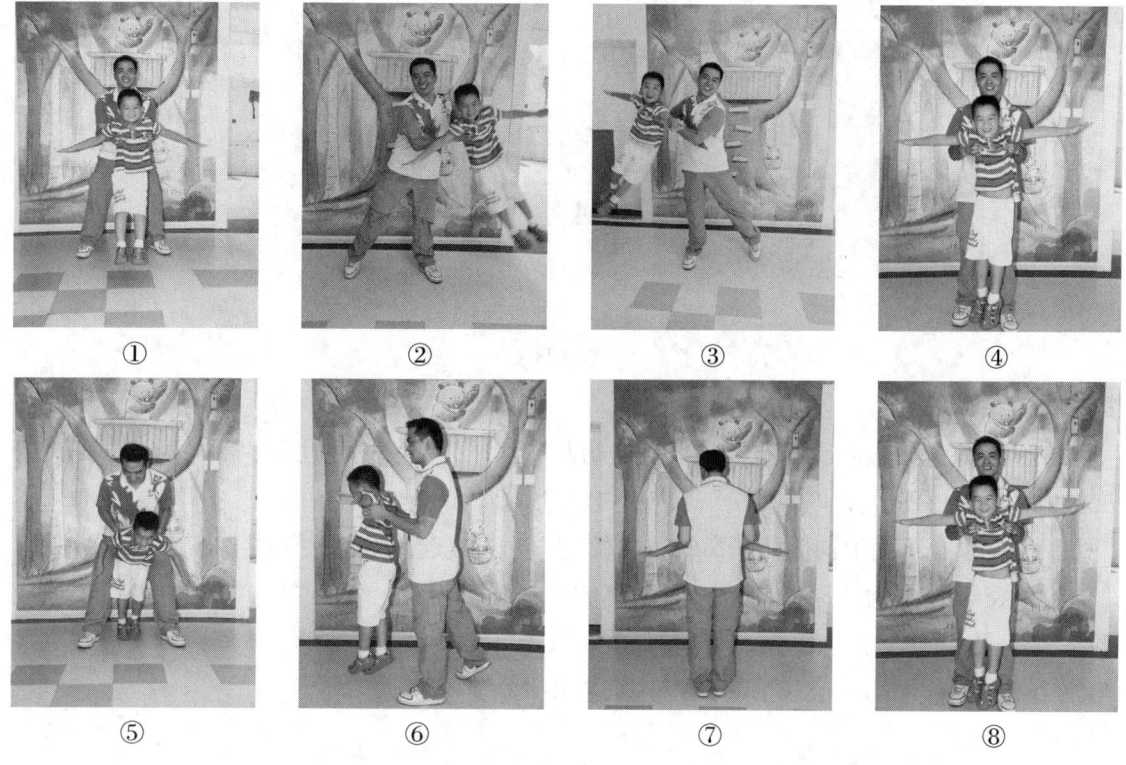

图177

预备姿势：父子前后站立，父亲两手托住幼儿腋下（图117①）。

1-4 父亲左右开立，与肩同宽，两手托住幼儿腋下提起，同时使幼儿身体向左、右各摆动两次；幼儿两臂侧平举，脚尖并拢（图177①-④）。

5-8 父亲托摆幼儿原地向右旋转一周（图177⑤-⑧），最后还原成预备姿势。

第二个八拍动作同第一个八拍动作，但方向相反。

第八节　全身运动（2×8拍）

 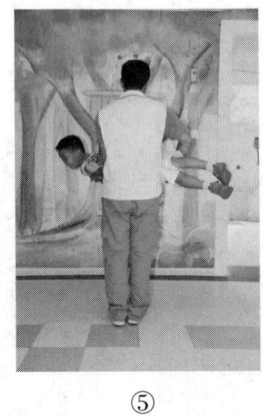 

④　　　　　　　　　⑤　　　　　　　　　⑥

图 178

第一个八拍

预备姿势：父亲两脚开立，一手托住幼儿胸部，另一手托住幼儿腿部；幼儿并腿挺身展体，两手侧平举，呈"小飞机"状（图178①）。

1-4 父亲自下而上向侧面托举幼儿，模仿"小飞机起飞"两次（图178①-③）。

5-8 父亲托举幼儿原地旋转一周，模仿"小飞机盘旋"（图178④-⑥），最后还原成预备姿势。

第二个八拍动作同第一个八拍动作，但方向相反。

案例

大班亲子绳操

天津市和平区第十三幼儿园　李永玲

预备姿势

图 179

幼儿站在家长的左边，幼儿和家长双手持四折绳两端，自然站立（图179）。

第一节　上肢运动（2×8拍）

家长与幼儿动作一致。

第一个八拍

图180

1-2　左脚侧出一步成左右开立，同时两手持绳前平举（图180①）。

3-4　两臂上举，稍宽于肩，抬头看绳（图180②）。

5-6　还原成1-2动作。

7-8　还原成预备姿势。

第二个八拍动作同第一个八拍动作。

第二节　下蹲运动（2×8拍）

家长与幼儿做相反方向动作。

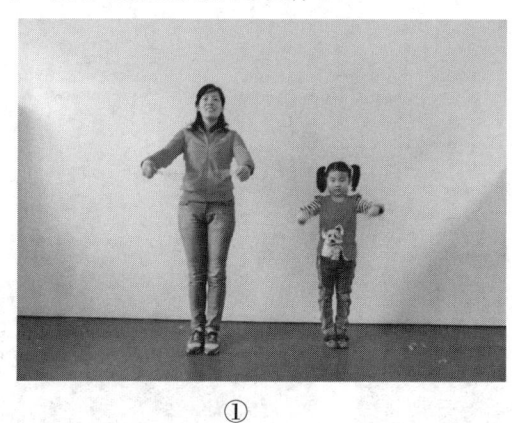 

图181

1-2　持绳前平举（图181①）。

3-4　半蹲，同时家长与幼儿转向面相对，一臂侧上举，另一臂前斜下举（图181②）。

5-6　还原成1-2动作。

7-8　还原成预备姿势。

第二个八拍动作同第一个八拍动作，但方向相反。

第三节　体转运动（2×8拍）

第一个八拍

①　　　　　　　　　　　　　②

图182

1-2　右脚侧出一步成左右开立，同时两臂前平举（图182①）。

3-4　家长与幼儿同时转体90度成面相对，两臂上举（图182②）。

5-6　还原成1-2动作。

7-8　还原成预备姿势。

第二个八拍动作同第一个八拍动作，但方向相反。

第四节　踢腿运动（2×8拍）

家长与幼儿做相同动作。

第一个八拍

①　　　　　　　　②　　　　　　　　③

图183

1-2　右脚向前迈一步，重心前移，同时两臂前平举（图183①）。

3-4　踢左腿，同时两手持绳左后摆（图183②）。

5-6 左脚后点地,两手持绳前平举(图183③)。

7-8 还原成预备姿势。

第二个八拍动作同第一个八拍动作,但动作相反。

第五节　腹背运动(2×8拍)

第一个八拍

图184

1- 右脚向右迈一步成左右开立,同时两手持绳上举,抬头看绳(图184①)。

2- 上体前屈,同时两手持绳于双腿膝盖处(图184②)。

3- 上体弹性再前屈,同时两手持绳放于双脚脚面上(图184③)。

4- 还原成预备姿势。

5-8 动作同1-4。

第二个八拍动作同第一个八拍动作,但出左腿做。

第六节　跳跃运动（4×8拍）

家长与幼儿做相同动作。

第一个八拍

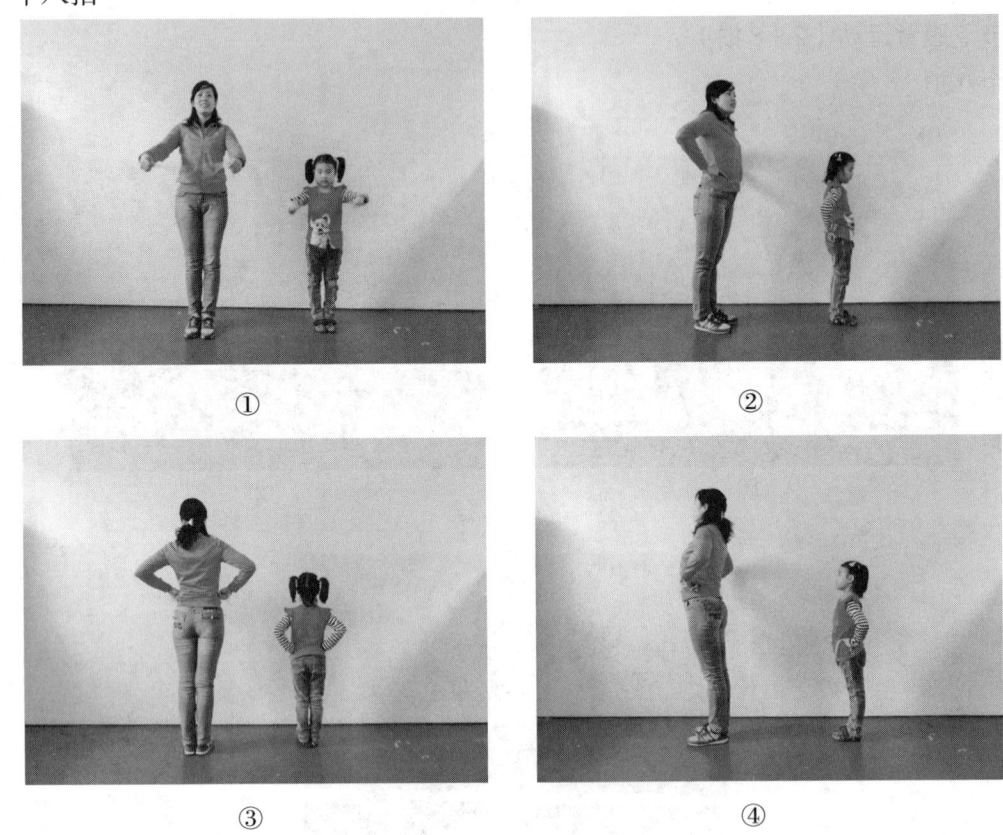

图185

1-4 原地踏步，同时两臂前平举摇绳四次（图185①）。

5-8 双手持绳叉腰，原地逆时针跳转一周（图185②-④），最后还原成预备姿势。

第二、三、四个八拍动作同第一个八拍动作，但第二、四个八拍跳转为顺时针。

第七节　翻身运动（4×8拍）

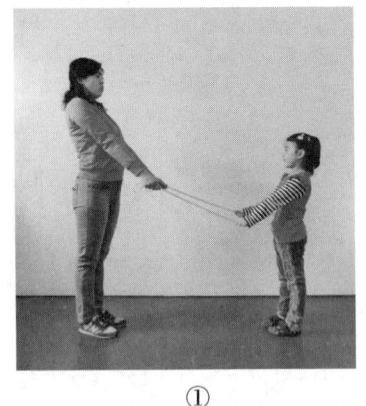

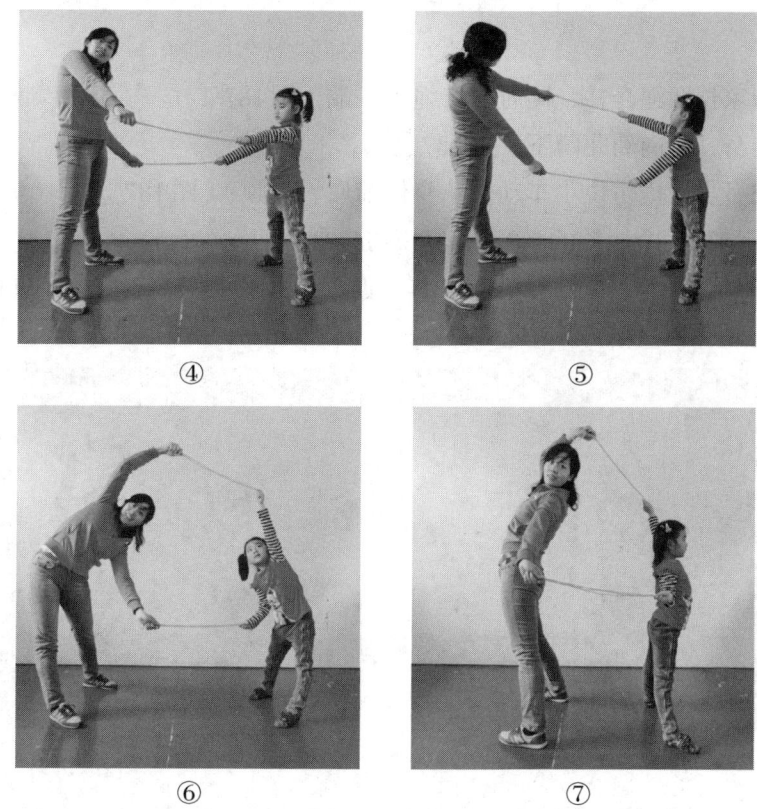

图186

第一个八拍

　　幼儿与家长同时屈伸臂互拉绳，做拉锯动作（图186①-③）。

第二个八拍动作同第一个八拍动作。

第三个八拍幼儿与家长向同一侧迈出一步，同时两手向左摇绳，两腿交叉转体180度，成背靠背（图186④-⑦），最后还原成预备姿势。

第四个八拍动作同第三个八拍动作，但方向相反。

第八节　拉小车（4×8拍）

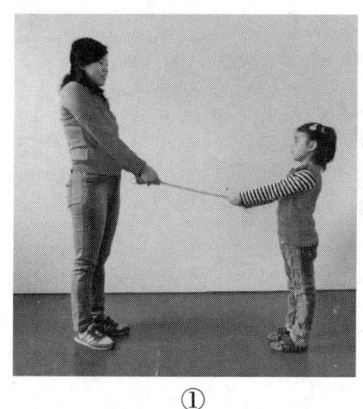
①

②

③

图187

第一个八拍

    1-2　幼儿与家长两绳合并，同时各持绳子一端（图187①）。

    3-4　家长转身，背向幼儿蹲下（图187②）。

    5-8　幼儿成弓步，模仿拉小车动作（身体前屈、后倾）（图187③）。

第二个八拍动作同第一个八拍的5-8，反复模仿拉小车动作。

第三、四个八拍动作同第一、二个八拍动作，但两人互换动作，最后还原成预备姿势。

第九节　整理运动（2×8拍）

图188

第一个八拍

    1-2　家长持绳一端成蹲立，幼儿持绳另一端拉直（图188①）。

    3-8　幼儿围着家长向左转一圈，最后一拍还原成预备姿势（图188②-④）。

第二个八拍动作同第一个八拍动作，但方向相反。

四、幼儿体操的教法建议

1. 教师首先教会幼儿取放器械和持器械的方法与要求。
2. 一套操应当运用分节教学法逐步学会，边学边纠正，边巩固边提高。
3. 教师示范要正确，运用镜面示范法；讲解要生动、形象、精练、通俗易懂；边做、边讲、边提要求。
4. 教师的口令应正确、清楚、声音洪亮、有节奏；选择音乐必须适合幼儿年龄特点，节奏鲜明、欢快活泼，与器械特点相吻合。
5. 做操队形要合理，以互不碰撞、干扰为准则。
6. 在基本掌握个人动作的基础上，再进行相互配合及造型变化练习。
7. 备用器械准备要充足，注意活动安全。

五、影响做操动作效果的因素

身体姿势：做动作时身体的外部表现（开始姿势、动作过程姿势、结束姿势），既要符合幼儿年龄特点，又要达到锻炼实效。

动作方向：动作经过一定的路线后所指向的空间位置。一般有前、后、左、右、上、下、内、外、侧、斜等方向，以有利于形成良好的身体姿态为准。

动作幅度：做动作时，身体或身体某部位所移动距离的大小。不同动作幅度，有不同的负荷量。

动作路线：做动作时身体或身体某部位运动的轨迹。多种不同的动作路线，可以有效地培养幼儿的身体协调能力。

动作频率：指单位时间内动作重复的次数。重复次数不同，肌肉负荷量也不同。

动作速度：指单位时间内身体或身体某部位移动的距离。动作速度越快，肌肉工作量越大。

动作节奏：做动作时合理支配紧张与放松，使动作与休息有节奏地交替进行。

六、幼儿体操的创编原则

科学性：符合幼儿年龄特点，动作简单，易学易做，循序渐进，逐步增加难度。

健身性：动作规范、协调、有力，负荷量及强度适宜，有锻炼实效。

全面性：动作全面，身体各部位得到锻炼，柔韧、力量、灵敏、协调等素质全面发展。

创新性：内容丰富，形式多样，形象逼真，节奏鲜明，既有新意，又充分体现各类操的特点。

吻合性：动作与音乐风格、节奏相吻合，符合儿童身心特点。

附录一 体操动作结构歌

　　头部动作：头部动作很简单，有屈有转有绕环；
　　　　　　屈转配合一节操，教会幼儿并不难。
　　上肢动作：上肢运动很重要，有举有振还有绕；
　　　　　　屈伸绕环不可少，安排动作要周到；
　　　　　　部位准确姿势好，锻炼效果能提高。
　　下肢动作：常做踢腿和下蹲，下肢灵活动作准；
　　　　　　还有举腿和屈伸，幅度要大还要稳。
　　扩胸动作：扩胸振臂幅度大，可向侧后或上下；
　　　　　　胸背肌肉力增加，同时肺活量加大。
　　上体动作：上体动作内容多，体侧体转腰灵活；
　　　　　　绕环动作比较难，幼儿园里宜少做。
　　综合动作：四肢全身运动好，量加大了难度高；
　　　　　　全身上下配合好，动作一定要协调。
　　跳跃动作：跳跃运动不可少，弹跳力量可提高；
　　　　　　单足跳、双足跳，交换开合也会跳。
　　　　　　跳时动作要轻巧，手臂配合要协调；
　　　　　　只要动作认真做，活动全身效果好。
　　整理运动：恢复体力量减小，呼吸整理任选挑；
　　　　　　这个环节不可少，认真完成要记牢。

附录二 编操歌

　　编操并不难，坚持多实践；特点要牢记，科学是关键。
　　美观又活泼，动作要全面；有易又有难，有简又有繁。
　　动静要交替，上下左右全；节奏要变化，有快又有慢。
　　认真编套模仿操，形象逼真效果好。
　　先编儿歌再编操，内容动作要协调。
　　艺术夸张不可少，体操特点要记牢。
　　单人双人集体操，整齐一致配合好。
　　明确目的再编操，学习实践很重要。
　　人人动手来编操，体操水平大提高。

第二部分

基本动作

一、幼儿基本动作内容与要求

幼儿基本动作内容与要求

内容	方向	速度	要求	场地器械	练习形式
走	前、后、左、右	慢速中速快速变速	正常走、小步走、大步走、提踵走、蹲走	平整、有障碍、有斜坡	背物、夹物、提物、抱物走，直线、曲线走
跑	同上	同上	正常跑、小步跑、大步跑、高抬腿跑、后踢腿跑	同上	同上
跳跃	前、后、左、右、上、下	快速慢速	双脚跳、单脚跳、连续跳、支撑跳、助跑跨跳	平整、有障碍	直线、曲线、转身
投掷	前、上、后	快速	双手、单手、掷高、掷远、投远、投准	地面、空中目标	沙袋、球、纸团等的抛、投
钻	前、侧	快速	正面钻、侧面钻	拱形门、横绳	
爬	前、后、侧	慢速快速	手膝爬、手脚爬、匍匐爬、仰撑爬、仰卧爬	地板、垫子、平网	持物、背物
攀登	向上、向侧	慢速快速	手脚交替攀上、爬下	攀登架、攀网、攀岩墙	自由地上下左右攀爬
悬垂（支撑）	正面、反面	静止摆动移动	混合悬垂（手膝悬垂、手脚悬垂）、单纯悬垂（手握横杠、双膝挂杠、挂膝悬垂）、混合支撑（腹撑、仰撑、侧撑、跪撑、立撑、坐撑等）、单纯支撑（肩轴高于器械轴，直接用手臂支撑）	单杠、双杠、云梯	由混合悬垂（支撑）到单纯悬垂（支撑），由静止动作到摆动动作（或移动动作）
滚动（滚翻）	前、侧、后	匀速快速	团身前后滚动、直体侧滚动、团身前滚翻成并腿坐	垫子	抱膝前后左右滚动、抱球团身滚动

续表

内容	方向	速度	要求	场地器械	练习形式
平衡	前进、后退、旋转	静稳 慢速 中速 快速	提踵立、单脚立、闭目立、蒙眼走、旋转、走窄道、走平衡板	地面、窄道、圆木、小桥、木桩	提物、顶物走，挑担、推车走，迈过物体走

二、各项基本动作要领与指导要点

（一）走步

动作要领：上体正直稍挺胸，身体不要乱晃动；头部正直眼平视，摆臂自然又轻松；脚稍抬起不擦地，步伐均匀走整齐。

指导要点：提供安全、适宜的练习环境与条件，在老师帮助下学会独立行走；通过各种走的练习，发展走的能力；提高走的稳定性；鼓励幼儿大胆实践，逐步培养走的正确姿势。

（二）跑步

动作要领：积极抬腿用力蹬，上体正直稍前倾；头正眼睛向前看，两拳半握肩要平；两臂屈肘前后摆，轻松协调跑起来；跑时要用鼻吸气，千万别把嘴张开。

指导要点：充分做好准备活动，以防受伤；跑后做好放松整理活动，以利于消除疲劳；通过各种跑的练习，发展腿部力量，提高跑的能力；逐步掌握跑的正确姿势；根据幼儿年龄、身体状况、动作发展水平、季节环境，合理安排运动负荷；注意培养幼儿动作的灵活性与协调性，提高躲闪能力，注意安全；教会幼儿正确的呼吸方法。

（三）跳跃

动作要领：要想跳得远或高，臂腿配合最重要；用力蹬腿跳起来，同时摆臂前上带；蹬摆动作尽量快，身体腾空不能歪；落地动作要轻松，屈膝缓冲跳下来；助跑踏跳结合好，整个动作要协调；落地继续向前跑，维持平衡要记牢。

指导要点：根据幼儿实际能力和水平循序渐进地安排动作内容，逐步提高要求；提供适宜的活动场地，确保活动安全；根据不同的动作给予不同的指导，重点发展跳跃能力，教会幼儿正确起跳和落地；充分体现因人而异，做到区别对待，量力而行。

（四）投掷

动作要领：蹬腿转体再挺身，挥臂翻肘肩上行；用力动作要连贯，前上出手快而准；跑投结合投得远，协调用力更要紧；出手保持体平衡，两脚交换降重心。

指导要点：运用多种形式发展幼儿上肢、腹背力量，提高投掷能力，逐步掌握正确的投掷技能；尽可能让幼儿左右手都有机会练习，以利于身体及左右脑均衡、协调发展；选择并随时变换大小适宜、轻重不同的投掷物进行练习；投掷距离由近及远，目标由大到小，由静到动逐步提高投掷要求；加强组织管理，随时提醒注意安全。

（五）钻、爬、攀、悬垂等

1. 钻的动作要领。

正面钻：腿下蹲，上体弯；头先过，要自然（低头、弯腰、屈腿）。

侧面钻：下蹲一腿向侧伸，低头弯腰移重心。两腿先下蹲，一腿向侧伸；一腿用力蹬，低头移重心。

指导要点：提供适宜的练习条件，培养幼儿正确选择钻过障碍的最佳姿势，促进其感知能力的发展；充分利用废旧材料（如大纸箱等）开展钻的活动，激发幼儿好奇心、探究意识。

2. 爬的动作要领：爬行动作并不难，交替支撑是关键；手脚配合要协调，降低重心记心间。

指导要点：提供适宜的练习条件，培养幼儿多种爬的能力；发展动作的灵敏性、协调性；创造条件让幼儿多练习向各个方向爬的动作。

3. 攀登动作要领：要想步步高，蹬拉很重要；手脚配合好，动作要协调；左手攀、右脚蹬，左右手脚交替行；手脚动作准，安全有保证。

指导要点：顺应幼儿动作发展，由低到高进行攀登动作练习，培养幼儿的攀爬能力；教会幼儿正确的握横木动作，加强保护与帮助，确保安全；组织幼儿有秩序地练习攀登，学会避让，提高自我保护意识和能力；注意培养幼儿勇敢精神和自信心。

4. 悬垂（支撑）动作要领：悬垂、支撑健身好，生活技能离不了；保护帮助不可少，确保安全很重要。

指导要点：培养幼儿悬垂、支撑的能力，均衡发展其上肢力量；顺应幼儿动作发展，器械由低到高，动作由易到难，逐步进行由混合悬垂动作到单纯支撑动作的练习；加强保护帮助，确保活动安全；在幼儿注意力集中、体力充沛的情况下练习。

5. 滚动（翻）动作要领：保护技能很重要，滚动、滚翻不可少；低头抱腿团身紧，滚动圆滑像球形。

指导要点：充分做好准备活动，避免伤害事故发生，确保活动安全；以多种形式的滚动练习为主，顺应幼儿动作发展；教会幼儿正确的动作技能，提高自我保护意识和能力，学会运用。

6. 平衡动作要领：平衡动作很重要，上体正直要紧腰；眼看前下头要正，两臂侧举肩要平；脚尖外转落地准，步伐均匀还要稳。

指导要点：以动力性平衡练习为主，发展幼儿平衡能力和自我调控能力，培养幼儿正确姿势；循序渐进，逐步提高要求（器械、动作）；在幼儿注意力最集中时进行练习，加强保护，确保安全；变换练习环境、条件，激发练习兴趣，提高练习效果。

第三部分

体育游戏

一、体育游戏的概念

幼儿体育游戏又称活动性游戏，是规则游戏的一种，以发展幼儿走、跑、跳、钻、爬、攀登、投掷等各项基本动作和体能为主要内容，以促进幼儿身心健康为目的，有别于音乐游戏、表演游戏和结构游戏等。

特点：锻炼身体，促进发育；赋予娱乐性和竞赛性；发展智力，培养良好的品德，陶冶情操。

二、体育游戏的目标、意义和作用

（一）体育游戏的目标

体育游戏既是健康教育的手段之一，也是幼儿教育活动内容的组织形式和方法，其最终目标是使幼儿更好地掌握动作技能，进一步发展幼儿体能，增强幼儿体质，促进幼儿身心健康发展。

（二）体育游戏的意义和作用

健身——通过体育游戏来发展体能、发展动作，提高适应能力、应变能力，促进生长发育，增强体质。

健心——通过体育游戏陶冶幼儿情操，从而培养其良好的性格。

益智——通过体育游戏来锻炼和培养幼儿的观察力、记忆力、判断力、应变力、创造力，发展认知，促进思维，增强感知能力（粗细、大小、宽窄、高低、方位等）。

育德——通过体育游戏来培养幼儿的规则意识、竞争意识、合作意识、团队精神、勇敢精神、拼搏精神等。

促美——通过体育游戏来培养幼儿动作美、形体美、心灵美、行为美并创造美。

通过体育游戏培养幼儿参加体育活动的兴趣，养成良好的锻炼习惯，为其终身体育奠定基础。

三、体育游戏的分类

按动作技能分类：走、跑、跳、投、钻、爬、攀登等。

按运动项目分类：球类游戏、水上游戏、冰上游戏、体操游戏、民族民间游戏等。

按活动形式分类：个体游戏、小组游戏、集体游戏、竞赛游戏、徒手游戏、持器械游戏、利用器械游戏等。

按活动场地分类：户外游戏、室内游戏、野外游戏（充分利用自然地形、地物）等。

按发展素质分类：发展速度、力量、耐力、灵敏、柔韧等游戏。

无论哪种分类的游戏，都是为了发展体能，掌握动作技能，促进生长发育，促进身心健康，增强体质。

四、不同年龄段体育游戏活动的特点

小班游戏特点：情节简单角色少，动作单一能学好；规则内容紧联系，决定胜负不重要；时间要短量要小，引起兴趣要记牢。

中班游戏特点：中班体质增强了，接受能力提高了；游戏角色加多了，动作技巧较难了；规则要求较严了，竞赛成分重要了；时间加长量大了，适当掌握别忘了。

大班游戏特点：知识面较广，理解力较强；游戏兴趣高，体力也增长；动作难度大，灵敏不慌张；比赛分胜负，规则需周详；追捉游戏多，注意量适当。

五、体育游戏的案例

选编游戏歌

选编游戏有诀窍，年龄特点要记牢。开动脑筋讲实效，目的明确第一条。

观察学习很重要，结合生活再创造。多活动、少等待，动静交替配合好。

规则具体能做到，兴趣效果都重要。坚持实践多创编，反复修改再提高。

案例一

小白兔拔萝卜（适合中班）

天津师范大学学生　葛　萌

游戏目的

1. 初步培养幼儿合作爬障碍、立定跳、钻的动作技能，进一步发展幼儿追逐躲闪跑的能力以及动作的灵活性。

2. 培养幼儿合作意识、规则意识。

材料准备

小白兔和胡萝卜的头饰若干，酸奶盒6个，"小山坡"2个，大纸箱6个，教师自制"山洞"1个。

游戏玩法

1. 小白兔"拔"萝卜

（1）幼儿选择角色（小白兔、胡萝卜），戴好不同角色的头饰。

（2）代表小白兔队的幼儿站在里面的小圈上，代表胡萝卜队的幼儿站在外面的大圈上。

（3）教师带领小白兔队的幼儿沿着小圆圈顺时针行进，边走边说："萝卜、萝卜在哪里？"胡萝卜队幼儿沿着大圆圈逆时针行进，边走边说："萝卜、萝卜在这里。"随后教师发令："小白兔去拔萝卜喽！"

（4）幼儿四散跑开，小白兔队幼儿追逐并抓胡萝卜队幼儿（每只小白兔只能追抓住一个胡萝卜）。

（5）小白兔领着自己抓到的胡萝卜，开始下一环节。

游戏规则：①教师发令后才能开始追逐跑；②必须在规定范围内追逐跑。

2. 小白兔"运"萝卜

小白兔要带着自己的胡萝卜手拉手一起沿着布置好的场地跳过小河沟—爬过小山坡—钻过山洞—回到家中（树洞）。

游戏规则：①小白兔和胡萝卜必须手拉手练习跳、爬等动作；②以回家最快的一队为获胜队。

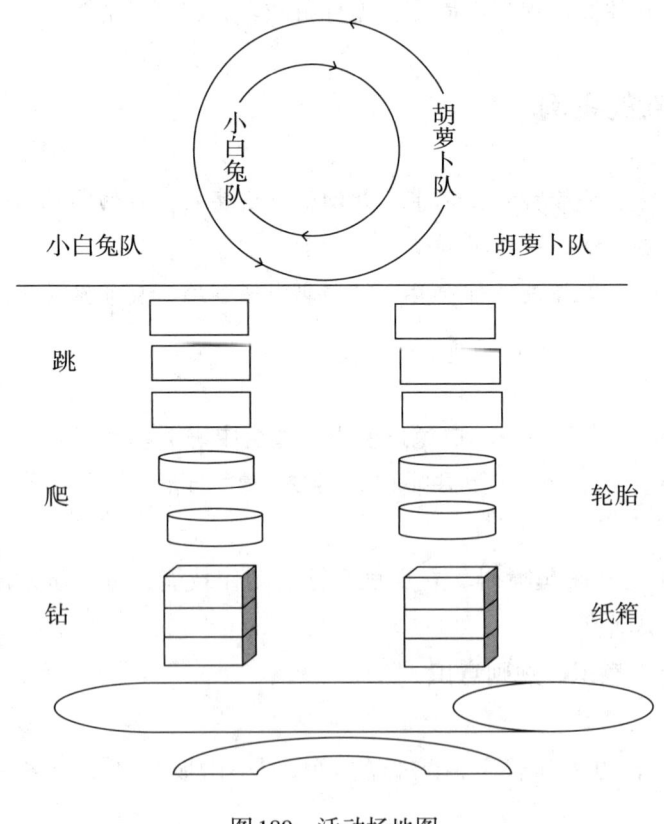

图189 活动场地图

案例二

快乐的小鸭（适合小班）
天津市和平区第十一幼儿园　姚智宏

游戏目的

1. 练习走、跑、跳、钻、滚等基本动作。
2. 培养幼儿参加体育活动的愿望与兴趣。

材料准备

长 10 米、宽 2 米的长纱，游戏情境音乐。

游戏玩法

1. 教师扮演鸭妈妈，带领小鸭子进场，并通过小鸭子模仿操做准备活动。
2. 利用长纱的变化，引导幼儿练习走、跑、跳、钻、滚等基本动作。

游戏一：过小河。将长纱折叠成不同宽度的长条作为小河，幼儿运用各种不同的姿势跳过小河。

游戏二：躲浪花。幼儿将长纱上下抖动，练习低头钻跑。

游戏三：下小雨。幼儿双手抓住长纱，在教师的带领下练习各种不同方式的走，如高人走、矮人走、曲线走、螺旋走等。

游戏四：晒太阳。将长纱铺在地上，幼儿练习侧身滚动。

3. 小鸭子跟着鸭妈妈一起回家，边走边放松。

案例三

合作套圈拍球（适合大班）
天津市河西区第六幼儿园　伊学军　冷梦雁

游戏目的

1. 在圆圈控制下集体拍球。
2. 培养合作意识，激发练习的兴趣。

材料准备

大呼啦圈一个，皮球人手一个。

图 190

游戏玩法

玩法一：可以先两人玩。幼儿持球站到呼啦圈内，将呼啦圈提到腰部位置，同时用力将呼啦圈固定在腰部位置，进行拍球，拍球过程中注意使呼啦圈不下滑。

玩法二：请 3—4 名幼儿面向外集体拍球保持呼啦圈不下滑，看谁拍球的时间长。

游戏规则

1. 幼儿站到呼啦圈内不间断地拍球。

2. 在拍球过程中，呼啦圈滑落或拍球失败均要退出游戏重新开始。

注意事项

教师要提醒幼儿遵守游戏的规则。

案例四

跷跷板拍球（适合大班）
天津市河西区第六幼儿园　纪　霞　崔玉胜

游戏目的

1. 进一步掌握拍球的动作技能，提高身体平衡能力。
2. 两脚站在平衡板两端拍球。

材料准备

跷跷板、皮球。

游戏玩法

将跷跷板按照一定的距离摆放好，幼儿站在跷跷板上进行单、双手拍球，每个跷跷板上站一名幼儿。在拍球时，幼儿要保持身体的平衡，在晃动的跷跷板上连续拍球，不掉到跷跷板下。

图191

游戏规则

1. 在拍球过程中，如果幼儿失去平衡掉下跷跷板，需重新开始，待平稳后再进行拍球。
2. 跷跷板要保持平行，不能倾斜到一方拍球。

注意事项及建议

1. 此游戏可作为单独游戏项目，将跷跷板摆放到平整的场地上，以保证幼儿在游戏中的安全。
2. 此游戏也可作为合作游戏项目，一名幼儿站在跷跷板上单、双手拍球，另一名幼儿可为其数数，然后交换进行。

案例五

折线运球（适合中班、大班）
天津市河西区第六幼儿园　张红欣　孙　涛

游戏目的

1. 发展幼儿障碍运球能力。
2. 进一步培养幼儿运球兴趣。

材料准备

1. 用酸奶盒连接粘成锯齿状障碍。

图192

2. 幼儿每人一个球站在障碍起点处。

游戏玩法

玩法一：请8—10名幼儿站在锯齿小路起点线后，行进间曲线运球越过障碍行进至终点。

玩法二：幼儿沿着锯齿小路从一侧边拍球边跳跃到另一侧，连续越障碍运球跑。

游戏规则

1. 幼儿站在起跑线后，听到信号后才能出发。

2. 前一名幼儿走出障碍另一端后，下一名幼儿才可出发。

3. 运球过程中不能踩在障碍物上。

注意事项

1. 幼儿在游戏中要遵守游戏规则，在运球过程中如果球掉了，幼儿捡起球后要回到起跑线处重新开始。

2. 幼儿可进行接力赛，两队看谁先完成。

案例六

过小桥运球（适合中班、大班）

天津市河西区第六幼儿园　张红欣　孙　涛

游戏目的

1. 练习在"梅花桩"上边走边运球。

2. 激发幼儿积极参与球类活动的兴趣。

材料准备

1. 用5—8个废旧易拉罐绑成梅花桩形。

2. 将"梅花桩"分别摆成不同距离的直线、曲线。

游戏玩法

玩法一：请8—10名幼儿，站在起点线后，踩在易拉罐制作的"梅花桩"上面边走边运球。

图193

玩法二：幼儿两脚分别踩在间隔30—50厘米的两条平行的"梅花桩"上边走边运球。

游戏规则

1. 幼儿站在起点线后，听到信号后出发。

2. 前一名幼儿走出"梅花桩"后，下一名幼儿才可出发。

注意事项

幼儿在游戏中要遵守游戏规则，在运球过程中如果球掉了，幼儿捡起球后要回到起跑线处重新开始。

案例七

挑战高度拍球（适合中班、大班）

天津市河西区第六幼儿园　崔晓红　杜晓华

游戏目的

1. 站在不同高度的器械上拍球，发展幼儿在不同高度上拍球能力。

2. 提高幼儿身体的协调性和灵活性。

3. 培养幼儿勇敢精神，敢于挑战自我，体验成功的快乐。

图194

材料准备

高低不同的器械。

游戏玩法

1. 将障碍物并排摆放整齐。

2. 幼儿双脚站在障碍物上（能力强的幼儿也可单腿站立），并根据自身能力选择不同高度进行原地单手拍球或左右手交替拍球，还可以开展行进间拍球竞赛。

3. 随着能力的提高，还可开展竞赛性活动。

4. 原地拍球看谁拍得多、速度快。

游戏规则

1. 可以选择不同的姿势进行拍球练习（如站姿、蹲姿）。

2. 必须站在一定的高度上进行拍球练习。

3. 拍球中断，应迅速捡回球继续拍球。

注意事项

1. 在掌握原地拍球的基础上进行。

2. 选择适合幼儿的高度。

3. 加强幼儿自我保护和安全意识。

案例八

彩圈拍球（适合中班、大班）

天津市河西区第六幼儿园　伊学军　冷梦雁

游戏目的

1. 进一步掌握连续拍球、左右手交替拍球、自转拍球的动作技能，提高幼儿拍球能力。

2. 培养幼儿竞争意识。

图195

材料准备

大彩圈若干个，皮球人手一个，数字卡片数张。

场地准备

1. 长方形场地一块，将彩圈间隔一段距离摆放，圈内放入不同的数字卡片。

2. 长方形场地一块，将彩圈直线或曲线有间隔地摆放。

游戏玩法

玩法一：将彩圈分散地摆在场地上，请幼儿持球站到彩圈内或彩圈外根据圈内数字进行原地拍球，也可在圈内根据数字进行自转拍球。

玩法二：将彩圈直线或曲线有间隔地摆在场地上，幼儿站在圈中左右手交替拍球或自转拍球。幼儿可两人合作进行游戏，一人拍球一人监督，一次游戏后可互相交替进行。

游戏规则

1. 必须按要求站在圈内拍球。

2. 在拍球过程中，掉球或拍错数均要停止游戏，重新开始。

注意事项

1. 玩法一和玩法二均可双人或多人以竞赛形式进行。

2. 教师在指导过程中注意提醒幼儿按照圈内数字拍球，不能多，也不能少。

3. 在自转拍球时教师提醒幼儿不要转得过快，注意安全。

案例九

亲子圈游戏（适合中班）

天津市和平区第十三幼儿园　刘　毅

游戏目的

1. 利用呼啦圈开展多种游戏，练习跑、跳、钻、平衡等基本动作，提高动作协调性、灵活性。

2. 积极参与游戏，乐于尝试和探索多种玩法，体验游戏的快乐。

游戏准备

呼啦圈一个，录音机一台。

游戏玩法

预备姿势：幼儿右手拿圈，家长左手拿圈，立正站好（图196）。

图196

1. 亲子操

第一节　上肢运动（4×8拍）

图197

第一个八拍

　　1- 幼儿双臂前平举，手心相对，家长右臂前平举，左手拿圈（图197①）。

　　2- 幼儿双臂侧上举，家长右臂侧上举，左手拿圈（图197②）。

　　3- 幼儿双臂侧平举手心向下，家长右臂侧平举手心向下，左手拿圈（图197③）。

　　4- 还原成预备姿势，幼儿向右转头，家长向左转头，亲子对视（图197④）。

　　5-8　动作同1-4。

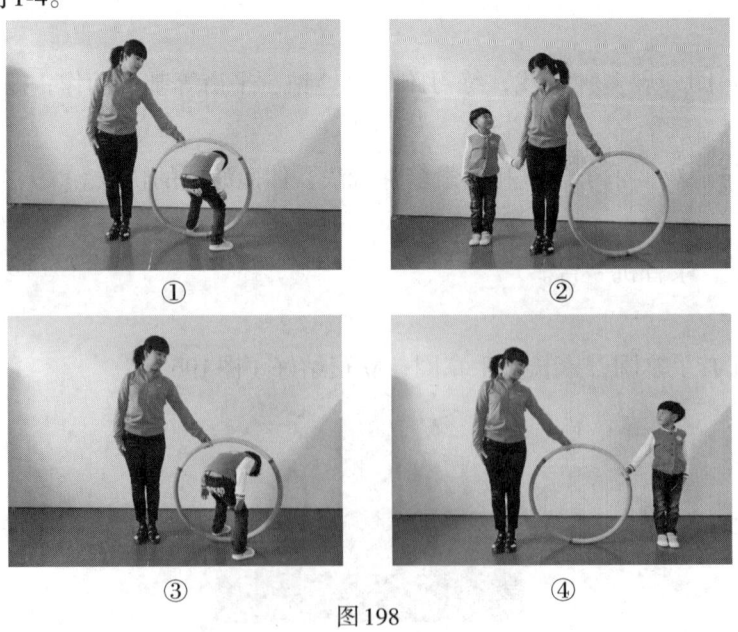

图198

第二个八拍

    1-4　幼儿向右转身，钻圈绕家长站在家长右侧，亲子互看（图198①②）。

    5-8　幼儿向左转身，钻圈跑回原位，亲子对视（图198③④）。

图199

第三个八拍动作同第一个八拍动作。

第四个八拍动作同第二个八拍动作。最后一拍，亲子面对面，亲子同时双手握圈（图199）。

第二节　下蹲运动（4×8拍）

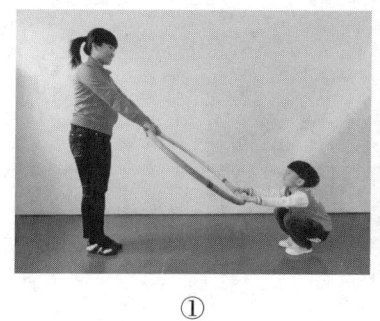 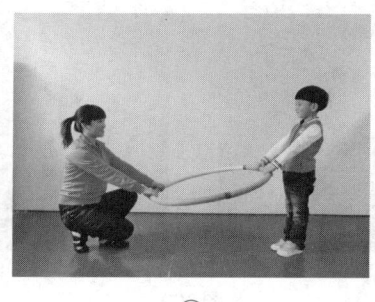 

    ①　　　　　　　　　②　　　　　　　　　③

图200

第一个八拍

    1-4　幼儿下蹲，家长站立（图200①）。

    5-8　家长下蹲，幼儿站立（图200②）。

第二、三、四个八拍动作同第一个八拍动作。最后一拍，亲子还原成直立（图200③）。

第三节　体侧运动（4×8拍）

 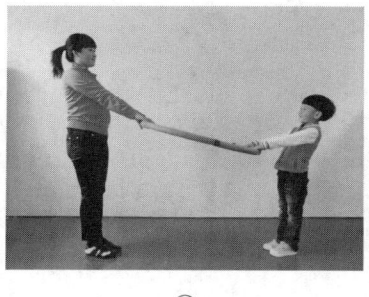 

    ①　　　　　　　　　②　　　　　　　　　③

图201

第三部分　体育游戏

第一个八拍

    1-3 幼儿身体向左侧弯，同时左脚向左迈出，与肩同宽，脚跟着地。家长身体向右侧弯，同时右脚向右迈出，与肩同宽，脚跟着地（图201①）。

    4- 亲子还原成直立（图201②）。

    5-8 动作同1-4，但方向相反（图201③）。

第二、三、四个八拍动作同第一个八拍动作。

第四节　踢腿运动（4×8拍）

图202

第一个八拍

    1-3 亲子各踢右腿，脚面绷直，亲子脚尖相挨（图202①）。

    4 亲子还原成直立（图202②）。

    5-8 动作同1-4拍，但各踢左腿（图202③）。

第二、三、四个八拍动作同第一个八拍动作。最后一拍，亲子将圈放在地上（图202④）。

第五节　跳跃运动（4×8拍）

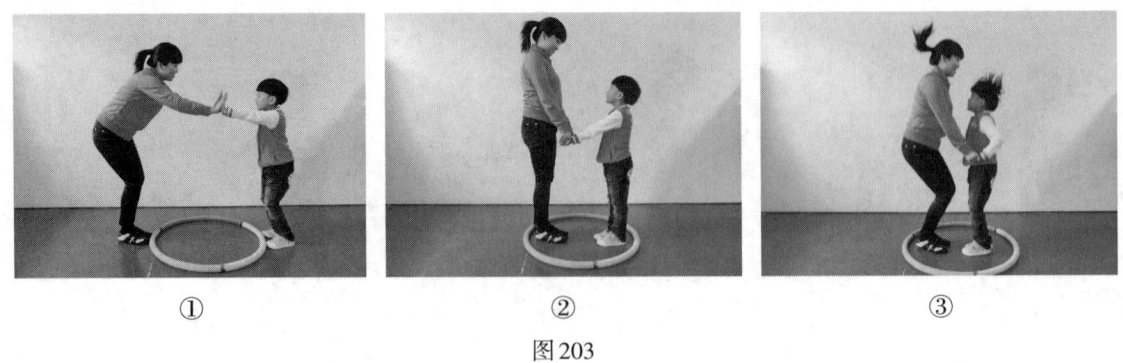

图203

130　幼儿园体育活动的理论与实践手册

第一个八拍

  1-3 亲子互相击掌三下（图203①）。

  4- 亲子拉手，同时跳入圈中（图203②）。

  5-8 亲子手拉手，跳四下（图203③）。

第二个八拍

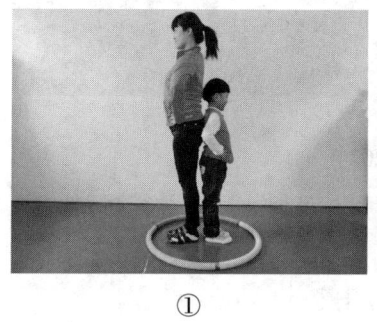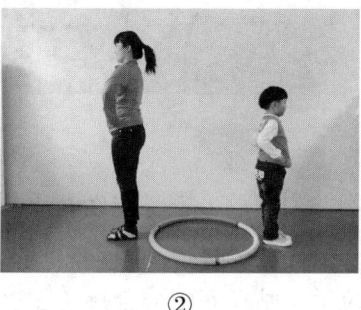

图204

  1-2 亲子各自双手叉腰向后转身（图204①）。

  3-4 跳出圈（图204②）。

  5-8 亲子各自原地跳四下（图204③）。

第三、四个八拍动作同第一、二个八拍动作。

2. 亲子圈游戏

  （1）亲子滚圈

图205

  玩法一：滚接圈。家长与幼儿面对面站好，家长将圈滚向幼儿，幼儿接住后再滚向家长（图205①）。

  玩法二：共同连续滚圈。家长与幼儿同站在圈的一侧，同时将圈向前或向后连续滚动（图205②）。

（2）亲子跳圈

图206　　　　　　　　　　①　　图207　　②

玩法一：向前行进跳。将圈并列摆放，家长与幼儿手拉手，双脚并拢向前行进跳入圈内（图206）。

玩法二：分合跳。亲子手拉手，站在圈中分合跳（图207①②）。

图208

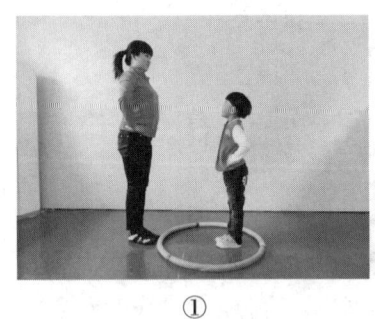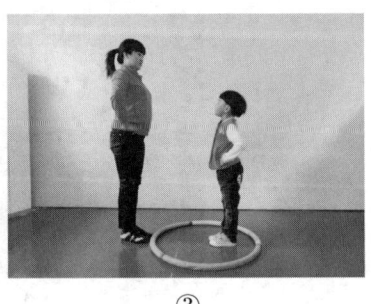

①　　　　　　　　　　②　　　　　　　　　　③

图209

玩法三：同跳圈——亲子同时跳进圈，再同时向后跳出圈（图208）。

玩法四：交替跳圈——幼儿先站在圈中，家长跳进圈，同时幼儿向后跳出圈。家长向后跳出圈，幼儿跳进圈（图209①-③）。

（3）亲子钻圈

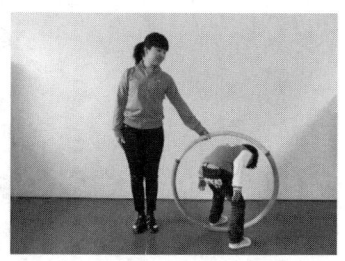
图210

图211

玩法一：原地钻圈。家长将圈竖起，幼儿钻圈（图210）。

玩法二：连续钻圈。家长将圈竖起，幼儿成纵队鱼贯式连续钻圈（图211）。

（4）亲子套圈跑

家长用圈套住幼儿，幼儿站在圈中并双手握住圈，亲子套圈跑。多个家庭可开展跑圆形、跑蛇形等游戏活动（图212）。

图212

（5）亲子套圈

①

②

③

图213

亲子将圈从头套进，从脚套出（图213①-③）。

（6）亲子追套圈

幼儿四散跑，家长拿圈追逐，用圈套住幼儿。套住后放出，再追逐套圈（图214）。

图214

第三部分　体育游戏

（7）亲子摸圈跳

家长将圈举起，幼儿纵跳触摸圈（图215）。

图215

（8）连圈跑

幼儿站在第一个圈中双手握圈，家长站在第二个圈中两手将两个圈连在一起，其他幼儿与家长依次将圈连在一起，做连圈跑游戏（图216）。

图216

六、体育游戏的应用

（一）体育游戏在体育教学中的应用

根据教学目的选择游戏（发展某种体能或学习、改进某种技能的游戏）；根据教学环节选择游戏（教学的开始、准备、基本、结束阶段）；根据教学形式选择游戏（主题、情境式教学）。

（二）体育游戏在其他形式中的应用

教学活动延伸（进一步掌握、提高动作技能，发展体能）；培养兴趣，发展个性；开阔眼界，增长知识，培养能力；提高交往意识和能力；等等。

七、体育游戏的指导

（一）游戏前准备

物质准备（画好场地，准备好器材，检查幼儿服装、鞋等）；内容准备（选择游戏内容，明确目的、任务、要求等）。

（二）游戏进行

教师进行简明扼要的讲解；进行完整正确的动作示范，边讲边做，讲解、示范结合进行；合理组织分队，分配角色；合理安排练习次数，掌握好运动负荷，注意区别对待；随时进行提醒、教育、指导，纠正错误动作。

（三）游戏结束

充分做好放松整理活动；认真进行简要的小结、讲评；师生共同整理、收放器材。

第四部分

运动器材练习

幼儿园运动器材既有大型器材，又有中小型器材；既有固定器材，又有可移动器材，还有手持活动器材。通过丰富多彩的器材练习，不仅有利于激发幼儿练习兴趣，调动幼儿参加体育活动的积极性，而且有利于适当增加运动负荷，提高动作难度，增强锻炼效果。

一、幼儿运动器材分类

（一）固定器材

主要指不能移动的大、中型器材，如攀登架、滑梯、转椅、秋千、荡船、攀网、肋木、摇马、跷跷板、蹦蹦床、充气城堡、海洋球池、攀岩墙、踏滚筒等。

（二）可移动器材

主要指能够搬移的中小型器材，如平衡木、拱形门、小梯子、垫子、三轮车、小手推车、轮胎、跨栏架、摇摇车、纸箱等。

上述两种类型器材，一般幼儿园都有，这里不再举例。

（三）小型体育器材

主要指各种手持器材，如各种球、球拍、绳、圈、棍棒、哑铃、沙包、小凳子、小椅子、铁环、高跷、皮筋、空竹等。

小型体育器材案例一

你抛我接
广州天河第二实验幼儿园

制作材料：饮料罐、小软球、小沙包、即时贴。

游戏玩法：

1. 单人抛接或投球（图217①②）。

2. 两人或多人玩，一人抛另一人接（图218①②）。

图217

图218

小型体育器材案例二

好玩的瓶子

广州天河第二实验幼儿园

制作材料：大的可乐瓶、透明胶、即时贴、手铃4个、塑料绳。

游戏玩法：

1. 幼儿手握手铃，来回拉动绳子，瓶子就会来回不停地滑动，锻炼幼儿手臂力量及灵敏性（图219）。

2. 瓶子放在地上，幼儿进行跨跳（图220）。

3. 高年级的幼儿可以把教具当渔网，后面的幼儿做小鱼，玩捉小鱼的游戏（图221）。

图219　拉力器　　　　　图220　跨跳　　　　　图221　捉小鱼

小型体育器材案例三

好玩的背包

广州天河第二实验幼儿园

制作材料：铁丝、水管、包装绳、环保袋、报纸。

游戏玩法：

1. 幼儿合作抛、接球（图222）。
2. 幼儿自抛自接球（图223）。
3. 可以当作背包，背物品（图224）。

图222　　　　　　　　　图223　　　　　　　　　图224

小型体育器材案例四

汽车叭叭叭

广州天河第二实验幼儿园

制作材料：油罐、万通板、即时贴、彩绳、棍子。

游戏玩法：

1. 投掷。把小老鼠挂起来练习投掷，打中嘴巴为胜（图225）。
2. 提水。视幼儿情况加相应的重量，练习上肢力量（图226）。
3. 挑水。视幼儿情况加相应的重量，练习平衡（图227）。
4. 举重。视幼儿情况加相应的重量，练习上肢力量（图228）。
5. 拉车装货绕物走（图229）。

图225　　　　　　　　　图226　　　　　　　　　图227

图228

图229

二、运动器材练习的意义

（一）激发练习兴趣，体验成功乐趣

各种大型器材练习，有利于培养幼儿独立性、自主性、自信心和勇敢精神，使其体验成功，感受快乐。

（二）提高活动能力，进一步发展体能

通过各种攀爬、翻越、登高等活动，发展幼儿身体的肌肉力量，提高其动作的协调性、灵活性、稳定性和自控能力等。

（三）发展方位感知能力

通过各种平衡器材、摇摆、颠簸、晃动器械练习，能够协调幼儿的视觉、听觉、触觉，进一步促进幼儿方位知觉发展，提高幼儿神经系统的灵活性，促进幼儿平衡能力的发展。

（四）进一步掌握各项动作技能，提高锻炼效果

通过丰富多彩的器材练习，调动幼儿练习的积极性、主动性，促进其各项动作技能的掌握、发展与提高，促进其身体各项机能的发展，促进其空间感知、定位、定向、判断能力的提高，有利于培养幼儿顽强的意志品质、合作意识，养成活泼、开朗、乐群的良好性格。

三、运动器材练习的主要内容

本书以球类器材活动为例进行介绍。各项小型体育器材中的球类活动，是幼儿喜爱的活动内容之一。通过各种球类活动，不仅能够发展幼儿的走、跑、跳、投等基本动作技能，而且还能发展幼儿动作的灵敏性、协调性、准确性和稳定性等，同时还有利于培养幼儿的观察力、注意力、判断力以及合作的意识和能力。

幼儿球类活动的主要内容有以下几类。

小篮球：滚、拍、抛、接、运、投等多种动作及游戏。

小足球：各种踢、运（带）、传、接、停、颠、射门等动作及游戏。

另外还有板羽球、吸力球、羽毛球、乒乓球、短式网球等。

本书主要介绍小篮球活动案例，供参考。

篮球活动案例一

广州市第二幼儿园　彭盛斌

活动目标

1. 练习不同方法的拍球及运球。
2. 培养幼儿参加体育活动的兴趣。
3. 提高幼儿协作运动的能力。

活动准备

每人一个小篮球、雪糕筒。

活动过程

开始部分

教师组织幼儿排好队；带领幼儿做准备活动，跑步、做操。

基本部分

导入语：今天，老师要带领你们玩球，你们愿意玩吗？每人一个球，用自己的方法拍球和运球。

1. 用单手拨球让球跟着自己走。
2. 和老师一起来单手拍球。
3. 看看谁可以像老师一样一只手拍一下（两手交替拍球）。
4. 我们来比比谁拍球最厉害，可以边走边拍球（直线运球）。
5. 四路纵队，一起来绕障碍运球（曲线运球）。
6. 比赛"曲线运球接力赛"，以最先完成、犯规少的一队为胜。

结束部分

做放松练习。小结活动情况。

篮球活动案例二

广州市第二幼儿园　彭盛斌

活动目标

1. 进一步提高原地拍球技术动作要求，动作连贯，能连续拍球超过50次，引导幼儿玩"拍球"，培养幼儿玩球兴趣。
2. 增强幼儿上肢肌肉、骨骼和关节的功能，提高手控制球的能力。

活动准备

健身圈若干，雪糕筒若干，小篮球若干，口哨一个。

活动过程

基本部分

1. 课堂常规，集合整队慢跑热身后做球操。

2. 原地拍球。

（1）教师提问，请幼儿回答：篮球和足球玩法有什么区别？篮球不用脚踢（教师表演球技，以拍球的各种技巧为主，引出课程主要内容）。

（2）请每个幼儿找一个碰不到其他幼儿的地方（操场上红色方块里）练习拍球，看看哪个幼儿球拍得最好（要求：拍球时球不出圈，又拍得多。教师仔细观察幼儿练习的过程，找出拍得好的几个幼儿让他们表演）。

（3）集合并提出问题：为什么有的小朋友拍得很好，有的拍不好呢？应该怎样拍才会更好？（教师讲解拍球要点）再练习。

（4）提高练习：集合并发给每个幼儿一个健身圈，把圈放在地上。人站在外面，在圈里拍球，注意不要把球拍出圈，看哪个幼儿最棒，拍得最多。

（5）绕雪糕筒运球接力比赛。

结束部分

1. 幼儿自由拍球。

2. 集合整理放松，接火车还球。

3. 表扬表现好的幼儿。

篮球活动案例三

广州市第一幼儿园　辛小勇

活动目标

1. 能与同伴合作，快乐地做传球游戏。

2. 能灵活、协调地利用双手胸前传球动作，投中3米以外的目标。

3. 敢于挑战难度，充满自信。

活动准备

大花园、斜坡、大树、渔网、纸箱、粉笔、小篮球、花园墙壁。

活动过程

热身运动

1. 幼儿在老师带领下伴随着欢快的音乐做篮球韵律操，由慢到快，由上到下，由简单到复杂。

2. "捉老鼠"游戏。老师扮演"老猫"角色，小球为老鼠，老猫捉老鼠，幼儿们就要用力把"老鼠"传到同伴手里，避免自己被捉到。

学习过程

1. 探索传球的方法。

师：我们今天来做小小发明家吧，你们都有那些传球的方法呢？请你们找好舒服的位置来想一想、练一练吧。

指导重点：教师引导幼儿，鼓励幼儿展示新的方法。

2. 展示传球方法，集体学习双手胸前传球。

师：请已经有好方法的小朋友来试一试，看看哪一种传球方法既有力，又准确。原来"双手胸前传球"动作最实用，我们一起来学习吧。

指导重点：要求双脚自然站立，双手手指自然张开，紧握篮球，胸前正对着呈"8"字形的两个大拇指，随着屈膝蹬伸，双手用力伸展，将球向目标传出。

3. 自主练习，勇敢挑战。

自选以下传球游戏。

（1）"打鸟笼"。在3—4米处，用力将球投入树上的鸟笼，球从鸟笼底部掉落地面。可以循环游戏。

（2）"漏网之球"。在3米处，用力将球投入网内，球在网洞里掉落地面。可以循环游戏。

（3）"土坡传球"。幼儿将球传至1.5米高的土坡上，土坡上有孩子接球后将球传回，继续游戏。

（4）"反弹球"。面对墙壁传球，反弹回来接球，可以挑战远距离反弹球。

指导重点：幼儿能不断挑战难度，利用正确动作，遵守游戏规则。

4. 放松并收回器械。

活动建议

在游戏中一定要注意培养幼儿的规则意识，以保证安全地开展游戏。适当调整游戏的难度，给幼儿挑战自我的机会。

篮球活动案例四
广州市第一幼儿园　辛小勇

活动目标

1. 能与同伴合作，快乐地运球。

2. 能观察和判断场上的指挥，灵活地运球。

3. 敢于挑战难度，充满自信。

活动准备

指挥台、小红旗、数字牌、小雪糕筒、小篮球、大操场。

活动过程

热身运动

1. "相反动作"游戏。教师与幼儿动作相反，（师）向左拍手、（幼）向右拍手（向上拍、向下拍、向右跳、向前跳、蹲下去等）。

2. "捉老鼠"游戏。教师扮演"老猫"角色，小球为老鼠，老猫来捉，幼儿就要用力把"老鼠"传到同伴手里，避免自己被捉到。

学习过程

1. 探索运球的方法。

师：我们今天来做小小探索家吧，你们都有哪些运球的好方法呢？请你们找好舒服的位置来想一想、练一练吧。

指导重点：教师引导幼儿，鼓励幼儿展示新的方法。

2. 展示运球方法。

师：看看谁运球的花样多，大家一起练习最好的运球方法。

指导重点：拍球时，用力均匀，球弹起的高度在胸腰之间。向左（右、前）变向时，拍球的右（左、后）上部。

3. 自主练习，勇敢挑战。

自选以下运球游戏。

（1）"拉手拍球"。两幼儿拉手，一人一球，相互合作向前运球到终点。

（2）"读数运球"。幼儿运球绕雪糕筒的同时，眼睛要看着指挥者的数字牌，正确喊出数字。

（3）"方向运球"。幼儿观察指挥者的红旗指示，运球绕过不同方向的小雪糕筒。

（4）"围追堵截"。幼儿自主运球到终点，经过中场区域的防守队员，要想办法运球通过。如果篮球被抢走，即留下防守。

指导重点：幼儿要遵守游戏规则，灵活多变，克服场上的障碍。

4. 放松并收回器械。

活动建议

在游戏中要注意培养幼儿的规则意识，以保证安全地开展游戏。适当调整游戏的难度，给幼儿挑战自我的机会。

四、运动器材活动建议

1. 做好组织管理（遵守规则、顺序上下器材、不得拥挤或推搡），随时观察幼儿活动情况，及时调整练习密度及负荷量，加强保护帮助，定期检查器材，确保活动安全。

2. 教会幼儿正确使用器材，掌握正确的动作技能，并爱护器材，绝不能利用器材打斗。

3. 根据各种器材特点，及时对幼儿进行品德教育、认知教育、良好行为习惯教育，同时引导幼儿积极观察、思考各种变化，增长其知识，提高其能力。

4. 面向全体，区别对待，注意发展幼儿个性。

第五部分

民族、民间、地域性体育活动

一、民族、民间、地域性体育活动的意义

我国是一个多民族的国家。各民族都有自己的生活习惯，并世代相传。积极开展民族、民间、地域性体育活动，既是继承民族、民间文化遗产，弘扬民族精神的需要，又是各民族之间相互学习、交流，促进民族团结的一种活动形式。

民族、民间、地域性体育活动内容源于生活，是劳动人民智慧的结晶，其内容丰富多彩，形式多种多样，简便易行。这既丰富了幼儿体育活动内容，又有利于锻炼幼儿身体，提高活动效率，还能促进幼儿交往，互相学习，提高文化素养，更好地促进幼儿身心健康发展。

二、民族、民间、地域性体育活动的目标

通过开展民族、民间、地域性体育活动，继承和发展民族、民间文化遗产，弘扬民族精神；调动幼儿参与体育活动的积极性，锻炼幼儿身体，提高幼儿基本活动能力；培养幼儿参与意识、交往能力及活泼开朗的性格，促进幼儿身心健康发展。

三、民族、民间、地域性体育活动的内容

（一）民族传统体育活动

民族传统体育活动主要有汉族的舞龙、抬轿子、赛龙舟，朝鲜族的荡秋千，黎族的跳竹竿，蒙古族的赛马，等等。

（二）民间传统体育游戏活动

民间传统体育游戏活动主要有跳房子、跳皮筋、放风筝、抽陀螺、踢毽子、滚铁环、抖空竹、踩高跷、抓子、斗鸡、钓鱼、弹球等。

（三）地域性体育活动

根据各地区地理环境、气候条件开展相宜的体育活动。

四、开展民族、民间体育活动应当注意的事项

1. 通过介绍各民族风俗习惯、风土人情等，激发幼儿练习的兴趣，调动幼儿练习的

积极性，提高练习效果。

2. 因地制宜、因陋就简地开展适合本地区幼儿年龄特点的民族、民间传统体育活动。

3. 有些民族、民间体育活动具有一定的危险性，既要教会幼儿正确的方法，提出相应的要求，又要注意加强保护，确保活动安全。

4. 注意启发幼儿思维、想象、创造力，进一步开发民族、民间、地域性体育活动。

5. 教育幼儿尊重民族风俗习惯，注重民族团结，相互学习，友好相处。

民间游戏案例一

跳房子

天津市滨海新区塘沽第五幼儿园　张晓丽

游戏目标

1. 练习单脚跳、双脚跳及跨跳动作，发展幼儿动作的协调性、灵活性和弹跳能力。

2. 认识数字，体验民间游戏的快乐。

游戏准备

1. 在场地上画出房子，房子里的格子组合可自由设计，再由近至远依序写上数字。准备木珠串或沙包、瓶盖等材料制成的串。

2. 用猜拳的方法排定跳的顺序。

游戏方法

玩法一：跳格子

参加游戏的幼儿，用单脚从"1"跳到标有"2"的格子，再从"2"跳到"3"，依次往下跳，没犯规而且能跳到最高号码的人，允许他任选一块方格，作为买下的房子，他可以在这个方格里双脚着地，稍作休息，再单脚继续往前跳。这个游戏共做8次，前4次用右脚跳，后4次用左脚跳。最后的胜利者是买到房子最多的人。

图230

备注：可以单脚跳，也可双脚跳，或是单双脚交替跳；除了按数序跳，还可以按照单、双数的规律跳格子。

玩法二：踢珠子跳房子

单脚踢珠子，按数字顺序从1踢到10。方法同上。

游戏规则

1. 如果跳错号码或者踩线，即为犯规，必须停跳一次。再跳时从出错的地方接着进行。

2. 串珠必须抛在规定的数字格内，进行连续踢、跳，串珠出格或压线为失败，停跳一次。

图231

注意事项

跳房子游戏要由易到难，逐渐提高难度，丰富玩法，让幼儿既面对挑战又能通过努力完成，体会成功和运动的快乐。

民间游戏案例二

跳长绳

天津市滨海新区塘沽第五幼儿园　毕文瑜

游戏目标

1. 学习跳长绳的方法和技巧，提高弹跳能力。
2. 克服跳长绳的恐惧心理，培养幼儿合作意识及对跳长绳的兴趣。

游戏准备

宽敞的场地；一根5—8米长的绳子。

游戏方法

1. 两名教师面对面站好摇绳，速度要平稳、均匀，有节奏感。
2. 练习原地跳。一名幼儿站在绳子的中间，看准绳子要落下时跳起来，反复练习，掌握跳绳的节奏。
3. 练习跑动跳绳。幼儿站在一位教师的侧面，当绳子落地后幼儿向绳里跑；当绳子再次落地时跳起；绳子摇到最高处时幼儿迅速向斜前方跑出。

图232

4. 在练习时，教师可用口头提示的方法帮助幼儿掌握进绳的节奏，也可用手轻推幼儿一下，作为提示。
5. 幼儿熟练后可两队幼儿进行比赛，以激发练习的兴趣。

图233

游戏规则

1. 幼儿站在绳子一侧进绳，向另一侧斜前方跑出。
2. 幼儿必须跑到绳子中间再起跳。

注意事项

1. 跳长绳前做好准备活动，跳绳时要注意安全。
2. 跳绳时要穿着轻便的服装和鞋。

民间游戏范例三

踩高跷

天津市滨海新区塘沽第五幼儿园　王振丽

游戏目标

1. 大胆运用高跷进行各种体育锻炼，提高幼儿动作的协调性和灵活性。

2. 发展身体平衡能力，提高幼儿自我保护意识和竞争意识。

游戏准备

1. 木制、塑料高跷或自制高跷，每人一副。

2. 划出足够的场地，确保幼儿足够的活动空间。

图234

游戏方法

1. 踩高跷。

两只脚踩在高跷上，两手分别抓住固定在高跷上的绳子，双脚交替往前走。请个别走得稳的幼儿做示范，引导其他幼儿观察并掌握动作要领：用脚心部位踩在高跷上，双手要拉直绳子，眼睛向前看。

2. 踩高跷绕障碍走。

图235

把木桩在地上直线或曲线摆开，幼儿踩高跷按顺序绕木桩直线走或曲线走，发展幼儿身体的平衡能力。

3. 踩高跷走坡道。

提醒幼儿踩高跷上下坡时注意保持身体平衡，上坡时脚抬得高一点，下坡时步子不要跨得太大。

注意事项

1. 幼儿要按照教师的要求依次进行游戏，要注意安全，学会保护自己。

2. 在幼儿自由练习时，可提供高矮不同的高跷，供不同水平幼儿选择。

3. 可组织多种游戏活动，如小小杂技员、体操运动员、跳水比赛等，激发幼儿活动的兴趣。

民间游戏案例四

舞龙

天津市和平区第四幼儿园　张　韬

游戏目标

1. 通过多人一起合作舞龙，培养幼儿的合作意识。

2. 尝试与同伴配合进行各种队形变化，增强幼儿动作的灵活性和协调性。

3. 通过游戏活动培养幼儿对民间体育游戏的兴趣，体验舞龙的快乐。

游戏准备

用废旧泡沫、尼龙绸、废旧奶箱、竹竿等材料自制龙三条，绣球一个。

游戏方法

准备活动

武术操：上肢运动、下蹲运动、体侧运动、体转运动、跳跃运动、整理运动。

舞龙游戏

1. 龙抬头。看绣球的信号将三条龙同时举起，并将龙身微微抖动，形成蓄势待发状态（图236）。

2. 龙翻腾。跟随绣球的指挥，龙头和龙身向相同的方向左右摇摆呈180°（图237）。（幼儿在摆龙至头顶位置时将竹竿倒手，方便换方向。）

图236　　　　　　　　　　图237

3. 龙跳跃。每条龙的幼儿间隔蹲起，形成高高低低的龙造型。可依次互换（图238）。

4. 龙摆尾。由龙头带领向后转身走，每条龙自成一个椭圆形（图239）。（龙身的每个部位，尤其是龙尾一定要走到龙头刚才所在的位置再转身。）

图238　　　　　　　　　　图239

5. 盘龙。龙头龙尾相连，形成一个圆圈。先将龙平放90°在圈外转，再将龙倒手平放90°在圈里反方向转（图240）。

6. 龙昂首。主龙龙头跟随绣球呈螺旋形卷入圆心，并高高昂起。辅龙相继跟上，并逐步降低高度，形成昂首姿态（图241）。

第五部分　民族、民间、地域性体育活动

图240

图241

7. 龙回还。三条龙在绣球和主龙的带领下围着场地走成一个大的圆圈（图242）。

8. 龙相会。三条龙相会于场地中央，跟随绣球做蹲起、高低变换等队形（图243）。

9. 三条龙通过环游场地回到最初的队形，游戏结束。

图242

图243

民间游戏案例五

抽陀螺

天津市蓟县花园新村幼儿园　董立超

游戏目标

1. 基本掌握缠陀螺、放陀螺、抽陀螺等基本技能和方法，了解陀螺的不同玩法。

2. 发展上肢力量，培养幼儿观察及手、眼、腰、腿的协调配合能力。

游戏准备

陀螺；用绳或细皮条、布条制成的小鞭子。

游戏方法及规则

介绍抽陀螺的方法

1. 缠陀螺。用鞭绳沿顺时针方向缠住陀螺腰部。

要点：要缠紧。

2. 放陀螺。左手让陀螺在地上立直。左手一松，同时右手沿水平方向向右扯鞭。

3. 抽陀螺。

（1）水平抽法。双腿蹲立，右手沿水平方向向左挥鞭，用鞭尾抽打陀螺腰部。开始时力量不能太大，也不能太小，熟练后可逐渐加大力量。

（2）垂直抽法。自然站立，右手执长柄鞭子，先向下再翻腕向左挥鞭，用鞭绳尾部抽打陀螺腰部。

陀螺比赛方式

1. 分边法。

（1）将参加的幼儿分成两组，然后一起抽陀螺。

（2）哪一组的陀螺先倒在地上，就称为"死陀螺"，对方即获胜。

2. 画圈法。

（1）在地上画一个圆圈。

（2）幼儿轮流将自己的陀螺往圈子里打，使陀螺旋转起来。

（3）如果陀螺已固定在一点上旋转，可用绳子将它圈出来，只要到达圈外还在旋转，都不算它"死"。

（4）如果陀螺停止在圈内，或一抽下去就不动了，都算"死"了，即为失败。

第六部分

利用环境开展体育活动

一、利用环境开展幼儿体育活动的意义

环境是人类赖以生存的基本条件，环境的发展与变化对人类的健康产生重要的影响。通常所说的环境，可分为自然环境和社会环境。

自然环境中的阳光、空气、水等，给人类提供了基本的生活条件。人类健康需要良好的自然环境，尤其是幼儿的生长发育和健康，更离不开自然因素的作用。幼儿是在与周围环境相互作用中不断成长的。

社会环境同样会直接影响人类的生活质量和健康水平。成长中的幼儿，更需要在良好的社会环境中生活、学习、锻炼。

幼儿园教育要坚持健康第一的指导思想，充分利用一切环境、条件，促进幼儿身心健康发展。

二、利用环境开展幼儿体育活动的目标

通过在各种环境中开展体育活动，锻炼幼儿身体，促进幼儿体能发展，提高其适应能力，促进其身心健康发展。

三、利用自然环境开展幼儿体育活动的主要内容

自然界中阳光、空气、水等的不断变化，会以不同的刺激作用于人体。正处在生长发育重要阶段的幼儿，其机体必须经常经受各种不同的刺激，才能逐步适应各种不同的变化，提高身体适应能力，促进发育，提高健康水平，同时还培养幼儿勇敢、坚强、不怕困难等良好意志品质。

1. 日光浴

一种利用日光进行锻炼或防治慢性病的方法，主要是让日光照射到人体皮肤上，引起一系列的生理、生化反应，以达到健身治病目的。日光浴常和冷水浴、空气浴结合运用。

日光中的紫外线能够加强血液和淋巴循环，促进物质代谢，调节钙磷代谢，促使骨骼正常发育。日光又是一种天然的消毒剂，各种微生物在紫外线的照射下很快失去活力。

有严重的心脏病、肺结核、发烧等疾病时，禁用日光浴。

2. 空气浴

一种利用空气锻炼身体或防治慢性病的方法,主要是利用空气的温度、湿度、气流、气压、散射的阳光、负离子等因素直接刺激人的皮肤,提高人体对外界环境的适应能力。空气浴常和日光浴、冷水浴结合运用。

空气浴能促进呼吸功能、血液循环,增强神经系统的功能,以及能提高抗寒能力,预防感冒。

按空气的温度可分为三种,20~30 ℃为热空气浴,15~20 ℃为凉空气浴,4~15 ℃为冷空气浴。空气浴应从温暖季节的热空气浴开始,逐步向寒冷季节的冷空气浴过渡。

空气浴一定要注意因人而异,灵活掌握。如遇大风、大雾或寒流,则可暂停或在室内进行。发烧、虚弱的儿童,严重心肾疾病患者,不宜进行空气浴。

3. 冷水浴

一种用冷水进行锻炼或防治慢性病的方法。通过冷水浴,能够提高人体适应自然环境变化的能力,提高人体对疾病的抵抗力和免疫力,同时增强心脏、血管、呼吸、消化等器官的功能。冷水浴常和空气浴、日光浴结合运用。

冷水浴要在医生指导下进行,事先要检查身体健康状况,对于体温调节能力差的人,不宜进行冷水浴。如出现身体不适、体重减轻、失眠和食欲下降等,应暂停冷水浴。剧烈活动后、饭后都不宜马上进行冷水浴。

四、充分利用社会环境开展幼儿体育活动

在充分利用幼儿园良好的设备条件开展体育活动的基础上,还可以充分利用幼儿园周围的社会环境,开展丰富多彩的体育活动。

城市幼儿园可利用公园、社区、公共活动场所等环境、设备等条件,开展各种体育活动。

山村幼儿园可组织幼儿开展登山、爬树等活动。

乡村幼儿园可组织幼儿开展走田埂、跨河沟、过小桥、走小路、爬树、绕树林、玩沙子等活动。

五、利用环境开展幼儿体育活动建议

1. 合理运用,科学安排。根据季节、环境、气候以及幼儿身心特点,科学安排活动内容,合理运用场地器械,抓住时机,循序渐进,坚持经常、量力而行。

2. 熟悉情况,做好充分的准备工作。

3. 加强组织管理,确保活动安全。

4. 在重视动作技能发展及活动能力提高的同时,注意培养幼儿的观察力、注意力、方位感知力、判断力,以及勇敢顽强、不怕困难、勇于探索的精神和团结互助的良好品德,促进幼儿身心健康发展。

第七部分 幼儿体育活动的组织形式与实施建议

幼儿体育活动的组织形式，是实现幼儿体育目标的基本途径。主要包括以下几种形式：早操，体育课，户外体育活动，室内体育活动，体育节（运动会），远足活动，三浴锻炼，家庭及社会体育，等等。

幼儿体育活动各种组织形式比较

组织形式	目的任务	主要内容	活动形式
早操	增强体质，振奋精神，锻炼意志，培养纪律	队例、基本体操、简单游戏（律动）	以班级、平行班、全园集体活动为主
体育课	以教育教学活动为主，锻炼身体，全面发展	基本体操、基本动作技能、发展体能练习、体育游戏等	以班级授课为主，小组活动及自选活动为辅
户外体育活动	掌握基本动作，发展体能，培养兴趣，发展个性	复习提高课上教学内容，各种器械练习	以班级、年级、全园区域体育活动、自选活动为主
室内体育活动	弥补场地不足，确保阴雨天坚持体育锻炼	凡是能在室内进行的活动，不宜在室外开展的活动	小组、自由结合、自选
体育节（运动会）	汇报、交流，互相学习，共同提高	日常开展的各项体育活动，各项竞赛活动、体育表演活动	年级、全园等
远足活动	亲近自然、亲近社会，开阔眼界，提高能力	较长距离的走，适宜的跑、跳活动，各种认知活动、教育活动等	班级、年级、全园
三浴锻炼	提高适应能力，增强体质，预防疾病	日光浴、空气浴、冷水浴	班级、小组、年级
家庭及社会体育	体现一体化体育活动	充分利用各种环境设备开展多种形式和内容的体育活动、亲子活动等	家庭成员、社区活动

一、早操

（一）早操的意义

早操是幼儿一日生活的开始，是晨间体育锻炼的总称。幼儿园早操是在教师组织引导下的、必不可少的第一项集体活动。其意义如下。

1. 振奋精神，调节情绪，精力充沛、愉快地开始一日生活。
2. 锻炼身体，有效地提高机体对外界气温及其变化的适应能力。
3. 培养正确的身体姿态，提高动作的协调性、灵敏性，培养节奏感。
4. 锻炼意志，培养坚持不懈、持之以恒、天天锻炼的良好习惯。
5. 培养组织纪律性，养成个人服从集体的良好习惯。

（二）早操的内容

早操内容包括排队、变队、走步、跑步、做操等，也可增加一些简单的舞蹈、律动或负荷量不大的游戏等。

（三）早操的组织及注意事项

1. 早操的组织

时间：一般在15分钟左右。不同季节可以适当缩短或延长。

活动形式：全园各年龄班同时在同一乐曲下做不同的动作；同一年龄组在同一乐曲下做相同（或不同）的动作；不同乐曲，各自做不同的动作。

做操要求：在规定的时间、固定的场地和位置进行早操活动；指挥员位置适宜，口令正确，声音洪亮，动作正确，姿势优美，镜面示范；幼儿动作认真、正确、整齐、精神、有节奏；及时更换早操动作、内容，提高做操效果；所选音乐符合幼儿年龄特点，轻快、活泼。

2. 注意事项

（1）根据季节选择安排好早操活动时间、内容，特别寒冷的地区可以改为课间操。

（2）早操时队列、队形变换动作要简便易行，为培养幼儿集体意识和做操需要服务。

（3）早操动作要适合幼儿身心发展规律，简单、规范，培养身体的正确姿势，方便幼儿学习和掌握。

（4）早操后的律动动作和游戏内容不宜太多、太难，负荷量不宜过大。

（5）如遇到雨雪及恶劣天气，可在体育（大）活动室或教室进行早操活动，形成一套不降低早操活动质量的室内早操活动形式和内容。坚持在任何情况下都能做早操。

附录：早操歌

天天做早操，锻炼身体好。坚持做早操，疾病能减少。

做操效果好，年龄要记牢。小班动作少，模仿很重要。

动作要整齐，量小较单一。操节适当换，不能太频繁。

教师要示范，孩子看得见。错误随纠正，组织要严谨。

音乐配合好，做操兴趣高。服装要轻便，鞋带要系牢。

冬季室外凉，操前先开窗。做操要坚持，养成习惯好。

二、体育教学（体育课）

（一）概述

体育教学是教师按照课程标准有目的、有计划、有组织地向幼儿传授体育知识、技术与技能的教育过程。其任务是传授基本知识、技术，锻炼身体，增强幼儿体质，培养幼儿体育精神和良好的道德品质。

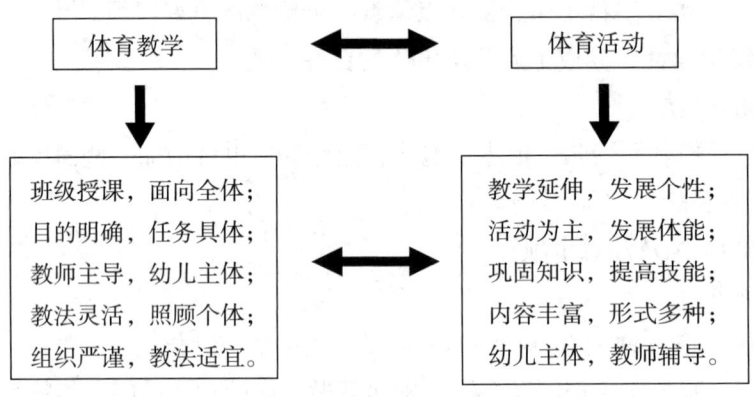

图244 体育教学与体育活动的区别

（二）设计体育教学的主要依据

1. 根据教学计划，设计教学活动。

（1）了解本班幼儿的年龄特点、运动能力、健康水平，确定教学目标。

（2）根据教学目标及本园条件选择相应的内容、形式和方法，确保目标实现。

（3）合理安排所选内容需要重复的次数，预计活动效果，并在实践中及时予以评价、调整。

（4）主要动作内容的安排一般不超过两个，以教学、指导新的内容为主。

2. 科学安排活动内容。

（1）新授与复习结合，以新授为主。

（2）量大与量小结合，合理安排负荷。

（3）上肢与下肢配合，动静交替，全面锻炼与发展。

（4）体能发展与掌握正确技能结合，确保幼儿身心健康发展。

（5）体能发展与认知、情感、意志、社会性教育结合，充分体现体育的功能。

（6）根据人体机能变化规律的三个阶段（准备部分、基本部分、结束部分）设计一节课。

3. 选择灵活多样的组织形式与教学方法。

（1）集体与分组结合，适当安排分散活动。

（2）传统与现代结合，不断探索创新。

（3）教（指导、示范）与学（实践、探索）结合，适当创新与变化。

（4）趣味性与教育性结合，幼儿练得开心，玩得尽兴，既锻炼了身体，又增长了知识与才干，还受到了良好的教育。

4. 注意安全，确保健康。

儿歌：

检查场地器械，消除安全隐患。加强保护帮助，确保活动安全。

合理组织教学，避免相互干扰。坚持量力原则，活动力所能及。

发展幼儿体能，提高调控能力。加强安全教育，提高安全意识。

培养规则意识，提高自保能力。

备课应当做到：备环境、备幼儿、备教材、备教法，及时反思，不断总结、交流、提高。

（三）幼儿体育教学活动的设计（备课、写计划）

首先应当明确，该设计既是体育教学活动，也是综合性教育（整合性）活动。体育活动的设计，一定要姓"体"，真正达到健身、健心，发展体能，形成技能，并接受相应的教育。身体练习是体能发展和技能形成的重要载体。

1. 教学计划。

幼儿园体育活动教学计划，是幼儿园体育工作计划的重要组成部分，是教师根据国家有关规定，有计划、有步骤、有组织地完成教学任务的依据。制订教学计划，有助于教师科学安排幼儿园体育教学活动，有效保证体育教学目标的达成，克服教学的片面性、盲目性和随意性，保证幼儿园体育教学工作有序进行。做好教学计划，是教师的基本功，有助于提高业务能力和专业素养。教学计划主要由学年教学计划、学期教学计划、单元教学计划和课时教学计划组成。

教师要严格遵循学科教学的规律、特点、价值、功能等，结合幼儿园器材设施特点、学生具体情况，制订符合本园实际和学科发展需要的、切实可行的教学计划。

2. 课的组成（结构）。

一般包括以下三个主要部分。

（1）开始部分。

任务：组织幼儿，集中注意力；明确活动内容与要求，激发幼儿练习兴趣；通过身体活动，克服练习时身体各器官、组织的惰性；根据基本内容，安排一些有针对性的准备活动；提高活动效率，防止受伤。

内容：组织站队，讲明本课内容与要求；队列、队形练习；基本体操或模仿动作练习；负荷量不大的游戏或专项准备活动，也可进行一些简单的舞蹈或律动动作。

时间：一般占全课总时间的10%~20%。

儿歌：

准备部分时间短，明确任务是关键。组织工作很重要，队列队形别乱套。

集中幼儿注意力，调动情绪不可少。走步跑步和做操，姿势正确最重要。

身体充分活动好，确保安全效果好。

（2）基本部分。

任务：学习新的或较难的内容；复习、巩固、提高已经学过的练习或游戏；通过练习，使幼儿进一步掌握动作技能，发展体能，提高身体素质及活动能力；培养良好的心理素质和品德。

内容：基本动作、基本体操、体育游戏、发展体能的练习；一般以《幼儿园教育指导纲要（试行）》中规定的内容为主，一次活动一般安排1~2项活动内容。注意新旧搭配，难易结合，全面锻炼身体。

时间：一般占全课总时间的70%~80%。

儿歌：

基本部分最重要，保证重点要记牢。既有复习又新教，先教后练安排好。

先做操，后跑跳，循序渐进很重要。基本动作掌握好，灵活协调技巧高。

保护帮助有必要，确保安全最重要。组织灵活方法好，调动情绪兴趣高。

负荷安排要适宜，学习健身效果好。

（3）结束部分。

任务：放松肢体，降低幼儿活动的兴奋性，使幼儿身体与情绪尽快恢复到相对平静状态；进行小结与简单评价；适当提出课后希望与要求；整理器械，有组织地结束课程。

内容：徒手放松练习，轻松地走步，简单、放松的体操或舞蹈，较安静的游戏，等等。

时间：一般占全课总时间的10%~20%。

儿歌：

结束部分不可少，放松整理有必要；恢复体力防疲劳，简要讲评效果好。

将上述各项内容予以整理，再加上组织调队、讲解、示范、练习次数与方法、要求等，即可成为体育活动教案的主要内容。体育活动教案（计划）既可以文字形式呈现，也可以表格形式呈现。无论哪种方式，一般包括活动名称、活动内容、活动目标、重点、难点、活动准备（场地、器械、相关知识等）、活动过程（按上述结构书写）、课后评价、建议与延伸等。

上课歌：

要想上课效果好，准备充分很重要。选材适宜安排好，重点难点想周到。

服装轻便鞋系好，器械备足要牢靠。上课先把队伍整，背风背光要记清。

执行计划要认真，适当要有灵活性。完成动作要认真，养成习惯很要紧。

错误动作要纠正，严格要求要耐心。运动负荷掌握好，不能过大或过小。

动作如有危险性，保护帮助要上心。全面照顾要周到，区别对待有必要。

精神饱满口令好，示范正确更重要。讲解精练语言好，便于理解好记牢。

安全教育要做好，贯彻始终很必要。实践总结再提高，教学质量一定高。

（四）教师如何指导（上课）

1. 正确优美的示范。

目的明确——建立概念，纠正错误时运用示范。

位置适宜——以全体幼儿都能看得见为宜。

方向合理——示范方向包括正面、侧面、背面、镜面示范，不同动作运用不同方向的示范。

完整示范——简单动作运用完整示范，但必须做到正确、优美、协调、熟练。

分解示范——较复杂动作在不同结构的情况下可用分解法示范，要做到重点突出，解决关键问题。

结合讲解进行示范，不宜做错误示范。

示范歌：

示范要直观，教学一手段。动作要正确，姿势要美观。

部位要准确，轻松又果断。位置方向对，都能看得见。

新学动作难，分解做示范。但要先完整，分解放后面。

讲解和示范，分开不好办。思维和直观，结合是关键。

示范太频繁，注意力分散。精讲又多练，效果不一般。

2. 简明扼要的讲解。

讲解正确，语言精练——正确讲解动作姿势、方法、要领与要求。

讲解要尽量做到生动、形象、诱人——声、形、动、情结合，富有启发性，引人入胜。

简明、扼要、精练——语言精练，重点突出，适当提示，便于理解。

注意讲解时机与效果——在幼儿注意力集中、情绪稳定时，进行恰到好处的讲解。

口令正确，声音洪亮，提示明确具体；结合示范进行讲解。

讲解歌：

讲解目的明，态度要认真。要领要正确，重点要分清。

语言要准确，生动简而明。讲解有感情，形象吸引人。

结合好示范，效果更惊人。

3. 身体练习。

身体练习是掌握动作技能、发展体能的重要手段之一。根据教学目的和技能形成的不同阶段，采用不同的身体练习方法。身体练习方法主要有以下几种。

完整练习——动作开始到结束，不分部分和段落，完整进行练习的方法。

分解练习——把完整的动作合理地分解成几个部分，按部分逐次地练习，最后完整掌握的方法。

变换练习——在变化的条件下进行反复练习的方法。

重复练习——按规定要求反复进行某一练习的方法。

循环练习——练习者按一定顺序，轮流在一定练习点上进行练习的方法。

综合练习——各种练习方法结合运用。

游戏练习——运用游戏的形式组织练习的方法。

4. 游戏。

游戏是幼儿体育教学的重要内容，也是发展幼儿体能的重要手段。幼儿体育教学中的游戏一般包括发展体能游戏化（比多、比快、比高、比远等等）、学习技能拟人化（各种仿生练习）、组织教学主题化（以一个主题、角色有情节地贯穿全课）、多种游戏综合化（运用各种不同练习、不同量、不同效果的游戏组织一节课）等。

5. 课后辅导与复习。

课后必须利用课余时间进行必要的辅导与复习，以便使幼儿课上所学的知识技能得以巩固和提高。特别要加强个别辅导，以便共同进步。

6. 课后总结反思。

每节课后都要进行反思，总结经验教训，探索教学规律，以便不断提高教学质量，提升教师教学水平和能力。

案例一

小蝌蚪找妈妈

天津师范大学　宋　洋

活动目标

1. 通过"小蝌蚪找妈妈"进一步发展幼儿走、跑、跳、钻、躲避等动作的技能和能力，提高动作的灵敏性、协调性和稳定性。

2. 激发幼儿积极参与体育活动的兴趣，培养幼儿服从指挥、遵守规则的良好品德。

重点难点

1. 重点：进一步发展各种动作。

2. 难点：提高动作的灵敏性和协调性。

活动准备

1. 拱门、橡皮筋、高凳、小皮球、大积木等障碍物。场地布置如图245所示。

2. 青蛙、鱼等头饰。

3. 音乐磁带。

场地布置：

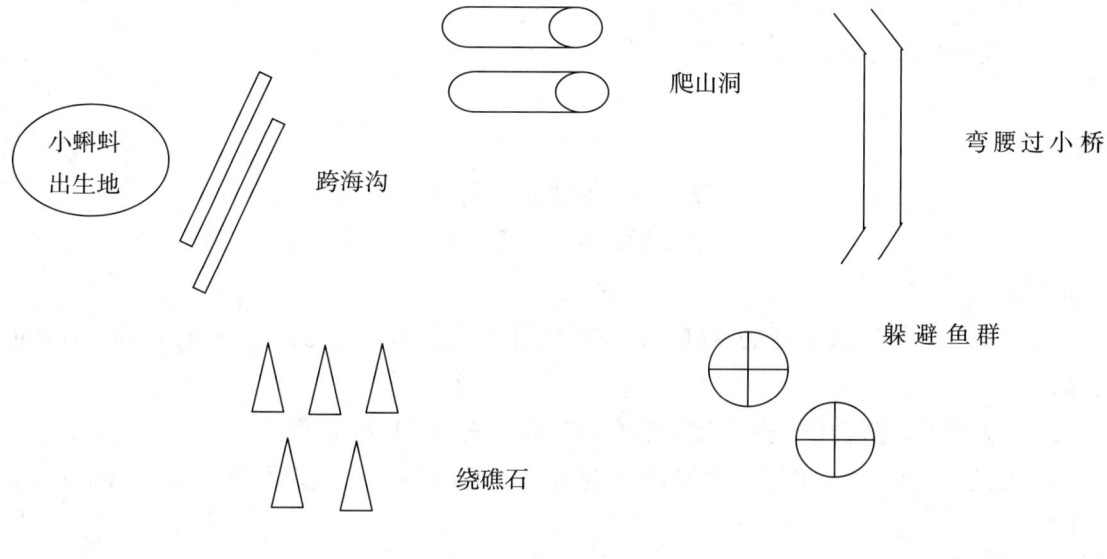

图 245

活动过程

1. 开始部分。

（1）幼儿扮演小蝌蚪，教师随机扮演各种动物，小蝌蚪们跟着教师一起从卵中孵化出来。

（2）教师带领幼儿做各种模仿动作，如伸懒腰、洗脸、前后左右跳跳、摇摇小尾巴（扭动身体下蹲）等。

2. 基本部分。

（1）幼儿围在教师周围，教师说："小蝌蚪们从出生就没有看见过妈妈，咱们现在就去找妈妈，好吗？"幼儿在教师的带领下，随着轻快的乐曲，反复练习绕礁石、躲避鱼群、钻过小桥、爬过山洞、跨过海沟，如此循环几次。其间，教师根据小蝌蚪找妈妈的故事，扮演不同角色来和小蝌蚪对换。

（2）小蝌蚪找了几圈还是没有找到妈妈。这时，教师说："小蝌蚪们可以分成几组，分头去找自己的妈妈。"幼儿分散在场地中活动，让戴着青蛙头饰的老师躲在树或器械后面，让小蝌蚪来找。

（3）小蝌蚪找到妈妈之后，又聚到一起，老师说："小蝌蚪终于找到了妈妈，妈妈也好高兴啊，咱们好不容易相聚在一起，妈妈以后都陪孩子们做游戏好不好啊，现在咱们就来做游戏。"

（4）做捕鱼的游戏。两名教师先做渔网，开始捕鱼，捕到一条鱼，就成为渔网的一部分，直到把鱼捕完为止。

3. 结束部分。

（1）围成一个圆，跟随音乐做放松活动。

（2）跟着音乐的节奏"游"回"家"。

案例二

我是小小拍球匠（大班）

天津师范大学　葛　萌

活动目标

1. 在幼儿掌握直线运球的基础上，发展幼儿曲线运球的能力，提高动作的灵活性和协调性。

2. 培养幼儿团队合作、遵守规则的意识和敢于竞争的良好品质。

3. 激发幼儿的创新思维，鼓励幼儿创造出不同的拍球路线和拍球方式，提高活动兴趣。

重点难点

1. 重点：连续曲线拍球的练习。

2. 难点：曲线运球的能力。

活动准备

1. 经验准备：幼儿已经熟练掌握单手拍球的技巧，熟悉皮球操的热身练习动作。

2. 物质准备：每人一个皮球，障碍物（大饮料瓶）8个。

活动过程

1. 开始部分。

（1）幼儿排成两路纵队集合，教师说明本节课的学习内容与要求。

（2）热身活动：① 教师带领幼儿围绕场地进行高人走、低人走、快走、慢走、曲线跑、障碍跑的练习；② 队列练习，一路纵队变换成四路纵队，走到指定位置上站好；③ 幼儿每人手拿一个球，在教师的带领下随音乐做皮球操。

2. 基本部分。

（1）复习单手拍球。

教师：老师知道每个"小小拍球匠"特别喜欢拍球了，而且大家都很棒。现在我们就比比看哪位小朋友拍得最好。

要求：不要让皮球四处乱跑，皮球要尽量弹离地面。

（2）复习直线运球。

① 幼儿复习直线运球走10米。

要求：教师注意观察和个别指导。

② 运球练习游戏。

方法：将幼儿分成两组，第一名幼儿拍球走到达终点后绕过障碍物往回拍。在一名幼儿绕过障碍物往回拍时第二名幼儿拍球出发。哪组最后一名幼儿最先返回队伍即为获胜组。

规则：幼儿每次都必须绕过终点的障碍物才能返回；下一名幼儿必须在前一名幼儿拍球绕过标志物后才能出发。

（3）重点学习曲线拍球的练习。

①拍球绕过两个障碍物。

教师示范，幼儿仔细观察后进行练习。

要求：拍球过障碍物时球不能碰倒障碍物；必须拍球绕过每一个障碍物。

②拍球绕过四个障碍物。

将幼儿分成两组，进行拍球过障碍比赛。

要求：拍球过障碍物时球不能碰倒障碍物；必须拍球绕过每一个障碍物。

拓展练习：每个小组自己设计障碍物的摆放位置，创设难度练习。

要求：幼儿自己选择摆放位置；自己选择拍球方式（单手拍、双手拍、单双手交替拍、先拍手再拍球等）。

3. 结束部分。

（1）放松活动。幼儿将手中的球放在指定位置，在教师的带领下听音乐进行放松练习（重点练习幼儿的下肢动作）。

（2）教师整队结束教学。

案例三

蚂蚁搬家

天津师范大学　张晓童

活动目标

1. 通过钻网的练习，培养幼儿四肢钻爬的协调性，提高幼儿动作的协调性和灵活性。

2. 培养幼儿乐于团队合作和遵守规则的意识。

3. 培养幼儿勇于竞争的品质，提高幼儿对体育运动的兴趣。

重点难点

1. 重点：钻网的练习。

2. 难点：倒着钻网的练习。

活动准备

1. 幼儿戴上小蚂蚁头饰，扮成小蚂蚁；哑铃若干。

2. 小锣两个（准备双份）。

3. 布置场地一：将松紧带或者橡皮筋系在凳子靠背的上面，或者凳子中间、凳子腿上，形成阶梯状，如图246所示。

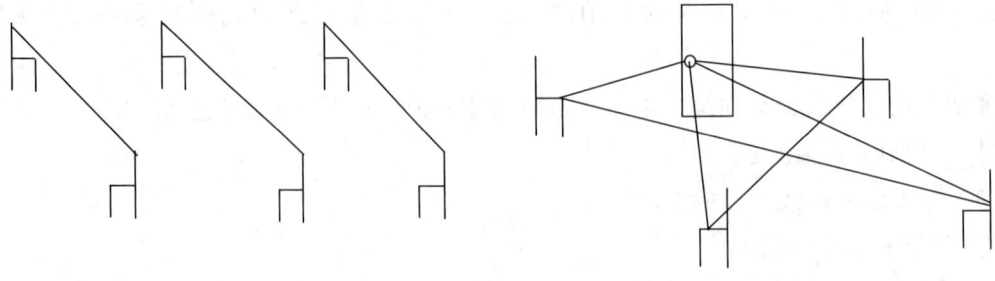

图246

4. 布置场地二：用纸箱子和纸板等装饰成蚂蚁洞，从起点的新蚂蚁洞到原来的蚂蚁洞沿途设置"独木桥"、"草地"、小障碍、网等。沙包若干，放在原来的蚂蚁洞中。将松紧带或橡皮筋系在桌子、玩具橱、门把手等物体上，来来回回、高高低低形成一个个网。

活动过程

1. 开始部分。

（1）幼儿排成一路纵队集合。

（2）热身活动。

① 教师带领幼儿围绕场地进行高人走、低人走、快走、慢走、快跑、曲线跑、反跑。

② 队列练习：练习分裂并合的队形，最后切断分队形成四路纵队，走到指定的位置上。

③ 幼儿每人手里拿着两个哑铃，教师带领幼儿做哑铃操。做完后，每路幼儿按顺序将哑铃放到队列前面的篮子里，一路接着一路放，然后围成一个圆圈走。教师将幼儿带到场地一。

2. 基本部分。

（1）教师给每位幼儿发一个小蚂蚁头饰，告诉幼儿今天要玩一个关于小蚂蚁的游戏。

教师："现在你们都变成小蚂蚁了，老师变成了一只大蚂蚁，大蚂蚁要问问小蚂蚁们，天要下雨了，我们怎么办啊？"

幼儿："要搬家。"

（2）教师教授幼儿钻爬的技能（重难点）。

教师："小蚂蚁要搬家的话要先学会本领，所以我们就要学学怎么钻山洞。"

① 先正面钻过最高的绳，教师示范动作，幼儿模仿教师进行练习。

方法及规则：弯腰、半蹲、低头钻过绳子，手和膝盖都不许触地。

② 侧面钻过中等高度的绳，教师示范动作，幼儿模仿教师进行练习。

方法及规则：侧身、蹲下、低头钻过绳子，手和膝盖都不许触地。

③ 爬过最低的绳，教师示范动作。

方法及规则：双膝双手着地，躬身向前爬行，不能趴在地上。

总的要求：教师注意观察和个别指导。

（3）分组游戏。

将幼儿分成两组，第一名幼儿依次（高、中、低）钻过绳子，钻过后敲一下小锣，然后再按相反顺序钻回来，与第二名幼儿拍手后，第二名幼儿出发，重复第一名幼儿的动作。最后一名幼儿最先返回队伍的组即为获胜组。

目的：培养幼儿钻网的技能，同时探索倒着钻网的技能。

规则：①幼儿返回时必须是倒退钻回来的；②下一个幼儿必须在前一个幼儿与其拍手后才能出发；③必须敲一下锣才能往回钻。

要求：教师注意观察幼儿的动作，尤其是倒着钻网的动作，游戏结束后给予说明和指导。

（4）排成一路纵队，教师带领幼儿到场地二。

教师："小蚂蚁们学会本领了吗？天要下雨了，我们快去搬家吧。"

① 教师带领幼儿按照游戏路径走一遍，从新家（新蚂蚁洞）出发，曲线形跑过障碍物，爬过草地，快步走过独木桥，弯腰钻过网，最后到达老家（旧蚂蚁洞）。然后再将旧蚂蚁洞里的沙包放在自己的背上，跑到新家，将沙包放在新蚂蚁洞里。

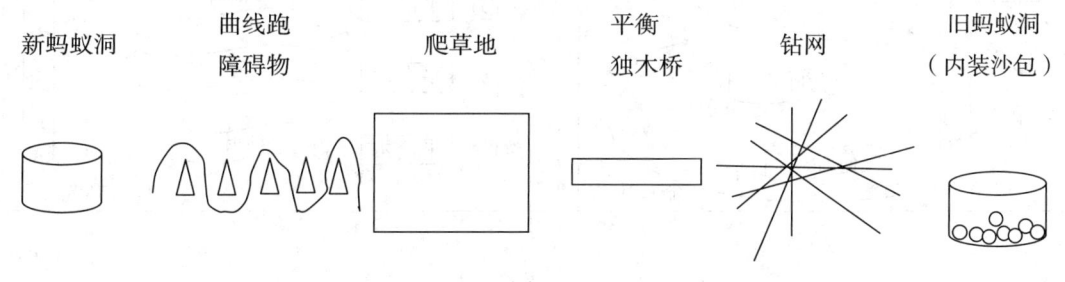

图247

② 分组游戏。将幼儿分成两组，按教师带领的路线进行比赛。

目的：巩固钻网技能，培养幼儿的合作意识和竞争意识。

规则：要严格按照器材顺序进行游戏。过障碍物时必须是曲线跑过。幼儿每次只可以取一个沙包放在背上。运送过程中要保持平衡，不能将沙包掉到地上，掉到地上的不算数。下一位小朋友必须与前一位小朋友拍手后才能出发。最后一位幼儿最先回到新蚂蚁洞，且运送沙包数多的组为获胜组。

3. 结束部分。

（1）放松活动。教师带领幼儿听音乐进行放松活动，包括上肢、下肢等的动作。

（2）教师整队结束教学。

案例四

蛙蛙乐
天津市和平区第十一幼儿园　杜少锁

活动目标

1. 通过"蛙蛙乐"游戏，进一步发展幼儿双脚连续向前跳和快速跑的能力。
2. 培养幼儿规则意识。

重点难点

1. 重点：双脚连续向前跳。
2. 难点：协调用力，轻轻落地。

活动准备

30~50厘米宽的长荷叶4条，平衡木3座，拱形门3个，小虫子若干，大筐3个，起点标志（三种青蛙）3个，终点标志3个，音乐。

场地布置如图248所示。

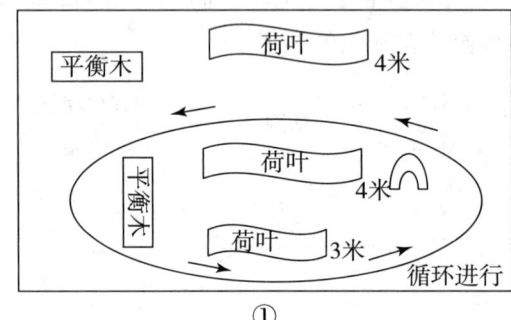 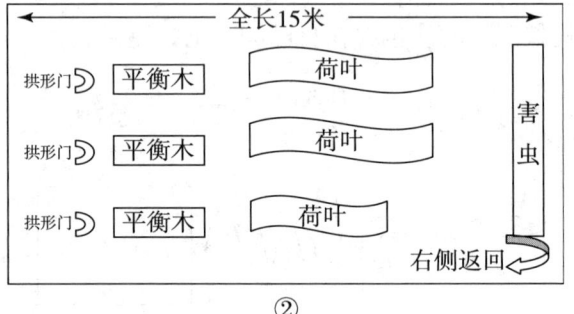

图248

活动过程

1. 准备部分。

（1）听音乐做模仿操，模仿小蝌蚪变青蛙的成长过程。

（2）游泳（走、跑），高游、低游（足尖走、蹲走），长出前腿（上肢运动），长出后腿（下肢运动），尾巴消失（体转运动），跳一跳（全身运动）。

2. 基本部分。

（1）小青蛙学本领。

青蛙爸爸带着小青蛙练习双脚连续向前跳。教师提示幼儿，上下肢协调用力，双脚轻轻落地。

（2）小青蛙用本领。

教师带领幼儿到"池塘里"进行连续双脚向前跳练习（图248①）。

规则：一个跟着一个有秩序地跳过荷叶，钻过拱门，走过平衡木。循环两组。

教师观察并指导幼儿。重点指导幼儿的上下肢协调用力和双脚轻轻落地，并对能力稍弱的幼儿进行专门指导。循环2~3组。

（3）小青蛙捉害虫。

场地布置如图248②。幼儿钻过拱形门，走过平衡木，跳过长荷叶，绕过终点标志物，快速跑回起点。捉害虫游戏循环2组。

教师可根据幼儿的活动量及时调整放松。适时地将荷叶加长或缩短，幼儿可根据自己的能力选择不同的道路做捉害虫游戏。游戏仍采用鱼贯式的方式，直至将所有的害虫都捉完。教师重点指导幼儿的动作和游戏时的规则。

3. 结束部分。

（1）幼儿手拉手围成一个大圆圈，在教师带领下做吹泡泡游戏。

（2）教师简要小结。

案例五

快乐的小袋鼠

天津市河东区第二幼儿园　范玲丽

活动目标

1. 初步掌握双脚连续向前跳方法，发展幼儿跳跃能力。
2. 体验成功跳跃的愉悦，激发幼儿参加体育活动的兴趣。

重点难点

1. 重点：练习连续跳跃动作。
2. 难点：动作协调、连贯，落地轻松。

活动准备

1. 经验准备：幼儿基本掌握双脚跳跃动作技能。
2. 材料准备：袋鼠头饰、布袋若干，音乐《动物狂欢节之六——袋鼠》。

场地布置如图249所示。

图249

活动过程

1. 准备部分。

（1）袋鼠妈妈（教师）帮助幼儿戴好头饰，分散站在起点线后，跟随教师原地练习两臂挥摆动作。

（2）幼儿跟随教师反复练习摆臂、下蹲、提踵立动作。

2. 基本部分。

（1）幼儿随教师口令反复练习双脚向前跳动作。

（2）幼儿听音乐练习双脚连续向前跳。

（3）教师帮助幼儿套好布袋，扮演小袋鼠，分别站在起点线后，练习手提布袋连续向前跳。

（4）学习"小袋鼠捡树叶"游戏。

教师讲解游戏玩法：邀请幼儿扮演袋鼠宝宝，陪着袋鼠妈妈连续跳过5米左右的场地，然后跳过一条"土沟"，到树林里去捡树叶，将所捡到的树叶放进胸前的布袋里，然后按原路跟随教师行进跳跃返回。

（5）教师边讲解游戏玩法，并指导幼儿正确的起跳和落地技巧，幼儿跟随教师练习。

（6）伴随音乐做游戏。逐步要求幼儿随音乐节奏行进跳跃，音乐节奏舒缓的时候，停下来休息一下。此环节重在培养幼儿掌握跳跃技巧。

3. 结束部分。

（1）教师引导幼儿放下布袋，跟随教师在愉快的音乐中做放松活动。轻轻摆臂、踢腿，放松走步。

（2）简单小结。

案例六

蚂蚁搬豆

天津市和平区第十一幼儿园　孙文泓

活动目标

1. 通过蚂蚁搬家的教学情境，进一步练习走、平衡、跳跃等动作，发展幼儿爬的灵活性和协调性。

2. 体验游戏的快乐，乐意参与。

重点难点

1. 重点：双手双膝协调地爬。

2. 难点：手脚交替向前爬。

活动准备

1. 经验准备：了解小蚂蚁的动作特点，熟悉《蚂蚁搬豆》的律动。

2. 物质准备：自制蚂蚁的家，小沙包若干，小蚂蚁胸卡若干，自制树林，独木桥，小树叶，小河沟，山丘，草地，山洞，《蚂蚁搬豆》音乐和节奏明快的背景音乐。

场地布置如图250所示。

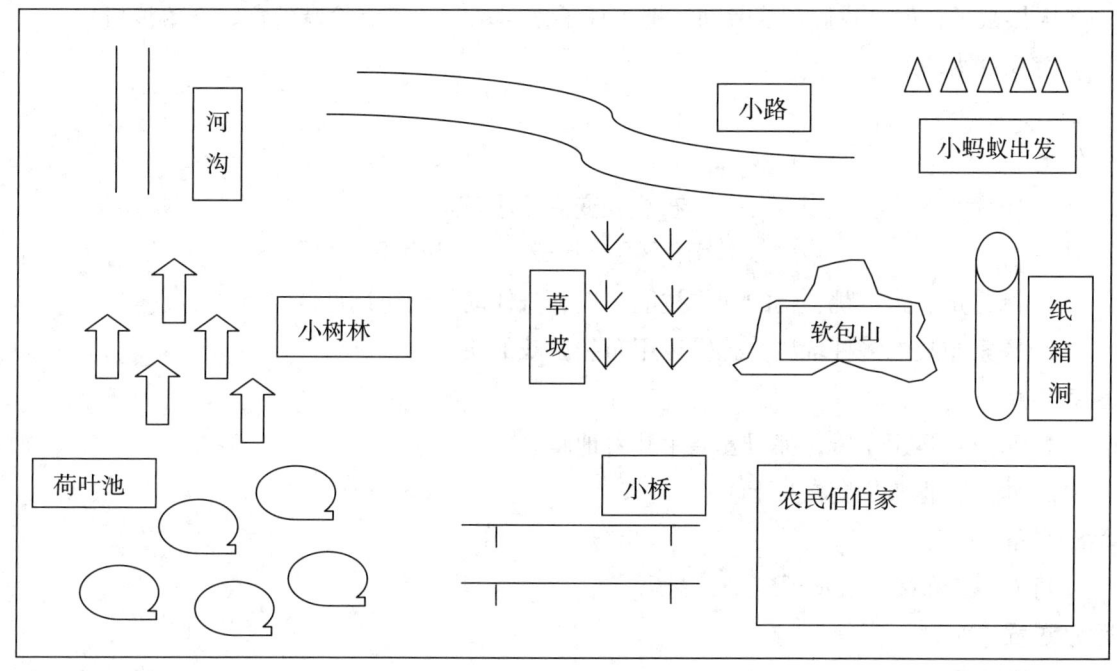

图250

活动过程

1. 准备部分。

播放音乐，小蚂蚁跟着蚂蚁妈妈一起做早操。

2. 基本部分。

（1）教师带领幼儿按场地图示练习。

（2）按照图示顺序双脚跳过河沟，快速走过小树林，单双脚交替跳过小荷叶，走过独木桥，四散爬到田野里。注意提醒幼儿一个跟着一个练习，注意安全。

（3）游戏"小蚂蚁搬豆子"。

① 小蚂蚁们，前面就是田野了，从田野到咱们的家有三条路，第一条是弯弯曲曲的草地，第二条是有山丘的路，第三条是一个山洞。谁知道怎样走过这三条路呢？（请三名幼儿分别示范。）

② 我们也来试着走一走这三条路吧。（幼儿练习，教师针对个别情况进行指导。）

③ 以"蚂蚁搬豆"的情境引入："看！田野里有许多农民伯伯洒落的小豆子，你们可以选择其中一条路，把小豆子快速地搬回家！记住每次只能搬一颗豆子。"

④ 游戏开始，小蚂蚁和蚂蚁妈妈一起手膝着地爬过草地或山丘或山洞，把小豆子搬回家。

⑤庆祝丰收。播放音乐，感受把小豆子搬回家的喜悦心情，体验劳动的快乐。

3. 结束部分。

小结：小蚂蚁真勤劳，通过自己的劳动，我们储存了这么多的粮食，一定不会在寒冷的冬天挨饿了，但是我们辛苦劳动才把小豆子搬回家，一定要珍惜粮食，不要浪费！

游戏自然结束。

案例七

布袋变变变（小班）

天津市和平区第十三幼儿园　沈燕鸿

1. 练习走、跑、跳、爬的动作技能，提高身体动作的协调性。
2. 探索布袋的多种玩法，感受运用布袋游戏的快乐。

重点难点

1. 重点：运用布袋，练习套袋手膝着地爬。
2. 难点：把布袋套在身上。

活动准备

每人一个布袋，大垫子三个，音乐。

活动过程

1. 准备部分。

教师：孩子们，今天我们的布袋里装着我们采摘来的果子，现在我带你们把果子运到家里去吧！

突然雷声响起，"下雨了，让我们把布袋当作小雨衣吧（快走）—雨下大了（快跑）—雨变小了（慢跑）　雨停了（停止走、跑）"。

"哇，刚才好大的雨，把我们的布袋都淋湿了。来，把它抖一抖（上肢运动），左边右边晒一晒（体转运动），铺在地上晾一晾（下蹲运动），布袋上面踩一踩（跳跃运动）。"

2. 基本部分。

（1）布袋一物多玩。

变成蹦蹦床跳一跳；变成地毯爬一爬；布袋对折变窄了，跳来跳去真好玩；布袋再对折，变成小桥走一走；一座小桥太短了，连接起来变一变，变成长桥走一走，小朋友排好队，一个跟着一个走；布袋、布袋变一变，折成小方块，放在头上顶着走；夹在腿中间走一走、跳一跳；放在背上当粮食驮；变成小球抛一抛。

（2）学习套袋手膝着地爬。

① 教师用儿歌引导幼儿套上布袋，变成虫宝宝。"我们的布袋又要变了。大大布袋真好玩，两头空空瞧一瞧。找到两只小耳朵，布袋铺到地板上。提着耳朵钻一钻，小脚小脚钻进去，变，变，变，变成毛毛虫。"

②虫宝宝练习手膝着地爬。

③听口令向指定方向爬（爬到垫子上）。

④吃饱了肚子，躺在垫子上休息一会儿，放松身体。

3. 结束部分。

教师带领幼儿放松，并小结。

案例八

沙包掷远（大班）

天津市和平区第十三幼儿园　沈燕鸿

活动目标

1. 进一步学习肩上挥臂投掷的动作，发展幼儿上肢力量及动作的协调性。
2. 培养幼儿勇于尝试的精神，喜欢投掷活动。

重点难点

1. 重点：肩上挥臂投掷练习。
2. 难点：侧面投掷。

活动准备

沙包若干，纸飞镖若干，地面标志带若干条，高1.2米的标志线一条，大筐一个，录音机，音乐光盘等。

活动过程

1. 准备部分。

（1）教师组织幼儿一路纵队进入活动场地，整队。教师简述本课学习内容与要求。

（2）在音乐伴奏下，进行队列练习。

一路纵队沿场地行进—左右分队走成两路纵队—左右分队走成四路纵队—两臂前平举呈体操队形散开。

（3）听音乐跟随教师做"沙包操"（臂环绕、四肢运动、踢腿运动、体侧运动、体转运动、腹背运动、跳跃运动、整理运动）。

2. 基本部分。

（1）练习正面投掷沙包。练习场地布置如图251所示。

组织：四人或八人一排，听口令分别投出沙包后，集体快速跑到对面拾沙包，往返练习3次左右。

指导策略：

① 教师边示范边讲解正面投掷的动作要领：两脚前后开立，投掷臂上举、蹬腿、挺身、挥臂、甩腕，用力将沙袋投出。

② 引导幼儿利用场地中的地面标志线，判断自己的投掷距离。

（2）诱导练习。投飞镖（如幼儿掌握了肩上挥臂投掷的动作要领，此环节可省略），要求投得又高又远，引导幼儿体会肩上挥臂投掷的动作，每人投2~3次。

（3）条件练习。要求幼儿将沙包投过一定高度、距离的标志线，往返练习3次左右。

教师在场地中架起一条高约1.2米的标志线，鼓励幼儿将沙包从标志线上投过去。引导幼儿体会"向斜前上方投掷能投得更远"的动作技巧。标志线的距离可由近及远进行调整。

（4）练习侧面投掷沙包。引导幼儿思考如何才能投得更远。

组织：同正面投掷沙包。

指导策略：

① 教师示范、讲解侧面投掷动作要领：两脚左右开立，投掷臂远伸，蹬腿转体挥臂甩，协调用力出手快。

② 请动作掌握好的幼儿做示范。鼓励幼儿换另外一只手尝试投掷动作，引起幼儿注意左右手都要练习，发展身体动作协调性。

（5）"沙包投准"游戏。

玩法：教师双手端筐面向幼儿距一定距离（距离可灵活调整）站好，鼓励幼儿将手中的沙包投入筐中。投中的幼儿站在场地一侧为还没有投入的同伴加油。

3. 结束部分。

听音乐放松整理，教师做简单讲评。

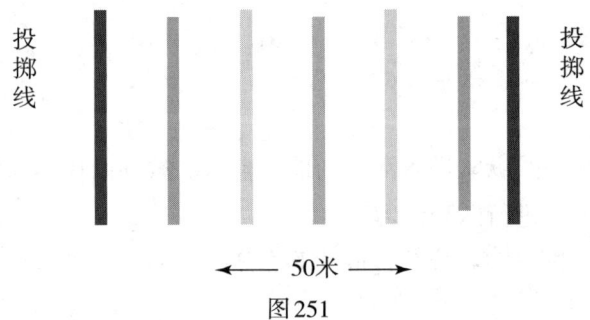

图251

案例九

多变的布袋（大班）

天津市和平区第十一幼儿园　刘山三

活动目标

1. 运用布袋的变化，使幼儿进一步掌握跳跃动作技能，发展幼儿跳跃能力，提高动作的灵活性、协调性。

2. 通过"布袋龙"游戏，培养幼儿勇敢精神、规则意识、合作意识和协同动作能力。

重点难点

1. 重点：发展幼儿跳跃能力。

2. 难点："袋鼠运粮"往返跳。

活动准备

大布袋（比幼儿人数多5条），小筐（或塑料篓）8个，小沙袋（比幼儿人数多一倍），小木墩（或其他标志物）8个，终点标志小旗4面。

活动过程

1. 准备部分。

（1）幼儿成两路纵队集合，教师简要说明本课学习内容与要求。

（2）队列练习：列队走（分别取布袋），并、分队练习成四路纵队，成体操队形散开。

（3）听音乐跟随老师做操（双手持布袋两端做上肢运动、下蹲运动、踢腿运动、体侧运动、体转运动、全身运动、跳跃运动）。

2. 基本部分。

按做操队形，以纵队形式做如下练习。

练习一：往返跳越横放布袋，要求动作协调、轻巧。

练习二：连续跳越横放布袋，要求动作协调、轻巧、连贯。

练习三：左右两侧跳越纵放布袋，要求动作协调、灵活。

练习四：左右两侧连续跳越纵放布袋，要求动作协调、灵活、连贯。

调节练习：踩纵布袋行进，上体正直，保持平衡。

练习五：往返跳越横放布袋，要求动作协调、轻巧，不得踩布袋。

练习六：连续跳越横放布袋，要求动作协调、连贯，不得踩布袋。

调节练习：一组接一组成一路纵队，集体练习"小青蛙跳荷叶"（手足交换跳）。

练习七：原地练习袋鼠跳（向前跳、向侧跳、向后跳、转身跳）。

（1）竞赛游戏："袋鼠运粮"（往返接力跳）。

组织教法：集体向后转，教师讲解、示范动作方法，明确规则及要求。

游戏进行2~3遍。边做边提要求及注意事项，每做完一遍后及时小结。

（2）"舞龙游戏"。

游戏方法：各组幼儿连接布袋，举至头上成一条小布袋龙，集体听号令做龙升起、龙腾飞、龙降落、龙爬行、龙抬头、龙翘尾、龙侧翻、龙头接龙尾。最后，四条龙相接跑成半圆，结束游戏。

3. 结束部分。

（1）教师带领幼儿做放松整理活动：运用布袋做上下、左右轻轻挥摆，单手持布袋敲打身体各部位放松。

（2）小结本课；布置作业，自己设计布袋玩法。

案例十

变换跑步练习

天津市和平区第十一幼儿园　宋永超

活动目标

　　1. 初步学习折返跑，提高幼儿的跑步能力。

　　2. 培养幼儿竞争意识、团队意识和规则意识。

重点难点

　　1. 重点：提高幼儿的跑步能力。

　　2. 难点：折返跑中的急停转身。

活动准备

　　各种颜色的三角标志物20个，小红旗4面。

活动过程

　　1. 准备部分。

　　（1）一路纵队入场，在教师带领下做各种走、跑交替动作练习。

　　（2）队列队形：由一队变成四队（一队分两队，并队，两队分四队，并队成四路密集队形）。

　　（3）热身活动：各种姿势及变换方向的走、跑练习。

　　2. 基本部分。

　　（1）学习各种方式和路线的跑。

　　① 曲线跑（5个标志物，2米间隔）：幼儿曲线绕过5个标志物，然后直线跑回，进行两次。

　　② 倒退曲线跑：倒退跑过5个标志物，然后直线正面跑回，进行两次。

　　③ 折返跑：每组2个标志物，间隔7米，进行折返跑练习，进行两次。

　　④ "8"字跑：2个标志物，第一个距离起点3米，第二个距离起点5米。幼儿直线加速"8"字绕过标志物，然后直线跑回。

　　以上活动，教师先进行示范，幼儿练习两次。如果有的幼儿做得不对，教师请一名做得正确的幼儿示范，然后幼儿再练习一遍。

　　（2）"8"字接力跑比赛。

　　每组第一名手拿一面小红旗。比赛开始后，按照"8"字跑的要求快速跑，到达终点后直线返回，将红旗交给下一名幼儿，依次进行，先完成的一组为获胜组。

　　要求：起跑不能超过起跑线，必须接到红旗后才能开始，线路要正确。游戏进行两次。

　　3. 结束部分。

　　（1）幼儿随教师做放松运动，如慢步走、深呼吸、轻踢腿等简单的放松动作。

　　（2）教师小结本课，对表现好的幼儿进行表扬。

　　（3）按顺序收整器械。

案例十一

小凳子游戏（大班）
天津市和平区第十一幼儿园　阎　杰

活动目标

1. 通过小凳子游戏，练习曲线跑、跨越障碍跑、支撑跳跃、高处跳下以及平衡等动作，发展幼儿的力量和灵敏性、协调性。

2. 培养幼儿团结合作、勇于克服困难的良好心理素质，使幼儿体验运动的快乐和成功的喜悦。

活动准备

每人一个小凳子（高度30～40厘米），音乐。

1. 重点：练习各种平衡动作。

2. 难点：培养多人合作平衡。

活动过程

1. 准备部分。

（1）幼儿每人单手持凳成一路纵队入场，行进中变换动作（单手托凳、头顶凳子、拉长龙、钻山洞等）。

（2）拉长龙变换成圆形队伍。

（3）幼儿和教师听音乐做热身操，进行活动前热身。

2. 基本部分。

（1）教师带领幼儿沿圆圈绕过小凳子曲线跑。要求不要碰到小凳子，注意活动安全。

（2）教师带领幼儿沿圆圈跨过小凳子跑。要求不要碰到小凳子，注意活动安全。

（3）教师带领幼儿沿圆圈两手支撑小凳子分腿跳跃。要求直臂支撑，注意活动安全。

（4）教师引导幼儿单脚站在凳子上做平衡动作练习，要求幼儿站稳（让幼儿模仿大树的造型）。

教法：教师示范、讲解，引导幼儿观察示范动作，要求身体保持正直，支撑腿站直，两臂侧举保持身体平衡。对动作正确的幼儿给予鼓励。

（5）通过玩抢凳子的游戏，进一步练习单脚站立平衡。要求幼儿围着凳子做蛇形跑的练习，当教师发出口令后，幼儿迅速找到一个凳子做单脚站立动作。

（6）练习两人合作单脚站在凳子上做平衡动作（图252）。

要求：邻近两个凳子合并，幼儿围着凳子做跨跳的练习，当教师发出口令后，两名幼儿迅速找到一个凳子做单脚站立的动作。注意单脚站立的动作要领，幼儿之间的合作。

（7）游戏"我最稳"（图253）。

游戏方法：幼儿分成两组，8个凳子为一组成圆形，幼儿在凳子上站好。游戏开始后，每组幼儿围着凳子逆时针转圈。听到口哨后，幼儿迅速找到凳子并站上去。随着游戏的进

图252

图253

行,凳子逐渐减少,以在最少的凳子上站最多的幼儿为胜。

游戏规则:幼儿听口令后才能开始;必须围着凳子沿一个方向转。

3. 结束部分。

(1)放松活动。在教师带领下,幼儿轻轻拍打肢体,调整呼吸。

(2)自然结束,收整小结。

案例十二

喜羊羊夺宝大战

天津市东丽区第二幼儿园 杨莹洁

活动目标

1. 进一步练习幼儿爬、跳、平衡动作,发展幼儿灵敏性、协调性及平衡能力。

2. 培养幼儿参加体育活动的兴趣,并能在活动中大胆、勇敢、不怕困难。

重点难点

1. 重点:快速通过障碍。

2. 难点:从高处跳下。

活动准备

1. 小羊头饰若干(与幼儿人数相等),录音机,音乐《别看我只是一只羊》。

2. 桌子4张,跳箱4个,跳板2块,彩绸1块(宽1米、长4米),"狼堡"1个,各色海洋球。

活动过程

1. 准备部分。

(1)教师扮演羊村长:"今天的天气真好啊!小羊们,咱们一起去做游戏吧。"

(2)播放《别看我只是一只羊》的音乐带领幼儿进入活动场地,边走边做热身活动。

2. 基本部分。

(1)创设游戏情境,带领幼儿一起做钻、爬、跳、平衡等动作,进一步活动身体的各个部分。

（2）教师示范、讲解动作要领及规则。

（3）幼儿排成一路纵队，教师利用绸带组织幼儿做如下练习。

练习一：两名教师分别将绸带的两端按在地面上，幼儿手膝着地从绸带一端向另一端爬。

要求：幼儿一个跟着一个做，不挤、不抢，活动后回到队尾站好。

练习二：教师将绸带进行对折（宽50厘米、长4米），幼儿可利用绸带当作小河进行跨跳。

要求：动作协调、轻巧，不得踩绸带。第一次跨跳是在教师带领下，幼儿从绸带的左边跳向右边；第二次跨跳是幼儿自由练习。

练习三：教师将绸带再一次对折（宽25厘米、长4米），幼儿将绸带当作独木桥在上面从一端向另一端行走。

要求：鼓励幼儿双脚交替向前行走，一个跟着一个，不推、不挤。

练习四：两名教师将绸带抖起，绸带全部打开到原来的尺寸（宽1米、长4米），幼儿在绸带下穿梭跑动。

要求：动作灵活，注意躲闪。第一次在绸带下穿梭，幼儿在教师的带领下固定一个方向进行；第二次在绸带下穿梭，幼儿可从不同的方向进行。

（4）游戏活动："喜羊羊夺宝大战"。

①创设游戏情境，激发幼儿参与活动的兴趣。

"报告村长，灰太狼把我们的新式武器偷走了！"

"小羊们，我们要把新式武器夺回来，决不能让灰太狼得逞！"

②教师以游戏的口吻示范、讲解游戏方法及规则："小羊们，灰太狼设置了重重障碍，我们要先钻过密道，然后爬上小山，还要过小桥，你们有信心吗？"具体方法：双手双脚着地钻爬过密道（桌子2张）—走过小桥—翻过小山（跳箱）—进入狼堡—取回宝物（海洋球）—返回羊村。

要求：从密道的前端进、后端出，不能从侧面爬出；翻越小山是到达狼堡的必经之路，必须按照游戏路线行进。

③鼓励幼儿大胆探索并尝试"上山"和"下山"的方法。

④教师根据幼儿练习情况对幼儿活动给予适时的帮助与指导。具体要求如下。

第一次活动，两块跳板设置两种不同的高度。

第二次活动，两块跳板分别升高高度。

第三次活动，两块跳板均调整到最高的高度（重点）。

第四次活动，在一侧的跳箱上加上斜坡（难点）。

在活动过程中教师注意观察幼儿的活动情况，并根据情况给予适时的帮助。根据幼儿的活动情况适当调整平衡木的高度，鼓励胆小的幼儿走过平衡木。

3. 结束部分。
（1）幼儿跟随教师做放松整理活动。
（2）小结。

案例十三

凳子三项赛

天津市东丽区第二幼儿园　张　倩

活动目标

1. 通过助跑跨越障碍物练习，发展幼儿跳跃能力。
2. 培养幼儿大胆、勇敢以及团队合作精神。

活动准备

塑料凳16个，号码牌1—8（红色一套），9—16（蓝色一套），音乐。

活动过程

1. 准备部分。
（1）按颜色分成两队，按数字顺序成体操队形散开。
（2）听音乐跟教师做准备操（音乐：《小松树》）：青蛙游泳（屈膝蹲起）、大象吸水（体前屈）、金鸡独立（单脚站立）、蜻蜓飞飞（原地自转）、兔子跳跳（原地向上纵跳）。

2. 基本部分。
请幼儿按照号码对号入座，站在凳子后面。
（1）在凳子上进行的活动：闯关游戏。第一关，青蛙游泳（屈膝蹲起）；第二关，大象吸水（体前屈）；第三关，蜻蜓飞飞（原地自转）；第四关，金鸡独立（单脚站立）；挑战第五关，青蛙跳水（重点指导）。
要求：从高处向下跳时，前脚掌着地，同时屈膝缓冲，保持身体平衡。
（2）和凳子一起玩。
①教师示范、讲解助跑跨跳动作要领，幼儿练习。
②玩竞赛游戏：凳子三项赛（音乐：《加油，加油》）。
教师示范、讲解游戏方法、比赛规则及要求。每个幼儿要按顺序完成四个指定动作：助跑跨跳—助跑跨跳—绕凳子转两圈；返回和同伴击掌后，同伴才能出发。
幼儿进行比赛（两次）。教师观察幼儿活动情况，及时给予调整和鼓励。小结并为幼儿颁奖：优胜奖和勇士奖（根据最终的比赛结果定，如果两轮比赛两队各获胜一次，则都为优胜奖；如果两轮比赛均为同一队获胜，则分设优胜奖和勇士奖）。

3. 结束部分。
（1）教师带领幼儿做放松整理活动，放松手臂，半握拳头轻敲手臂，大腿各部分进行放松。
（2）小结。

（五）如何评价体育教育活动（课）

1. 目标达成效果。

体育课最初的设定目标是否符合幼儿年龄、体能、实际水平，教学环境、设备、条件是否有利于目标的达成，幼儿学习了什么、学会了什么、提高了什么。

2. 内容实施效果。

内容选择是否符合目标要求、是否符合幼儿实际水平和需要、是否符合季节特点，环境条件能否保证内容的实施，幼儿对所选内容是否感兴趣。

3. 组织教学效果。

教学顺序是否符合幼儿生理机能变化规律；准备部分、基本部分、结束部分是否体现负荷量是逐步上升再到最高阶段，最后逐步下降的规律；教学手段、方法是否灵活、具体、多样；教学组织是否严谨、灵活、周密；教学中是否体现区别对待、因人施教；教学过程是否注意活动的安全。

4. 幼儿活动表现。

幼儿学习是否积极、主动，练习是否认真、有效，情绪是否高涨，表现是否勇敢、坚强，能否与人合作，是否懂得谦让，有无团队意识，能否遵守规则。

5. 如何运用观察法评价负荷量。

活动中观察：脸色、情绪、动作表现、注意力、出汗量、呼吸频率等。

活动后观察：饮食、睡眠、注意力集中情况等。

具体评价见下表：

	观察内容程度表现	适度疲劳	中度疲劳	非常疲劳
运动中	面色	稍红	相当红	十分红或苍白
	汗量	不多	较多	大量出汗
	呼吸	中速、较快	显著加快、加深	呼吸急促、表浅、节奏紊乱
	动作	动作协调、准确，步态轻稳	协调性、准确性和速度均降低	动作失调、步态不稳、用力颤抖
	注意力和反应力	注意力集中，反应正常	能集中注意力，但不够稳定，反应力减弱	注意力分散，反应迟钝
	精神状态	情绪愉快	略有倦意	精神疲乏
运动后	食欲	饮食良好，食欲增加	食欲一般，有时略有降低	食欲降低，进食量减少，甚至有恶心、呕吐现象
	睡眠	入睡较快，睡眠良好	入睡较慢，睡眠一般	很难入睡，睡眠不好
	精神状态	精神爽快，情绪好，状态稳定	精神略有不振，情绪一般	精神恍惚，厌倦练习

分析评价小结：

分析评价很重要，总结经验能提高。完成任务好不好，准备工作要周到。
组织教学要严谨，示范讲解要明了。教法灵活效果好，适时教育不放掉。
运动负荷安排好，锻炼效果很重要。语言精练启发好，课堂气氛很活跃。
教学任务完成好，教学效果一定高。

三、户外体育活动

（一）户外体育活动的意义

组织幼儿户外体育活动，充分利用阳光、空气等自然因素进行身体锻炼，室内外活动交替进行，既能锻炼身体，又能提高幼儿对自然环境的适应能力。

积极开展户外体育活动，不仅有利于复习、巩固、提高课上所学过的动作技能，进一步发展体能，还能够学到课堂以外的动作技能，扩大活动范围，弥补课上不足，在全面发展体能的同时，发展幼儿个性。

在户外体育活动中，充分体现区别对待，更好地满足幼儿不同的发展需要，提高幼儿的自立能力和交往能力。

（二）户外体育活动的内容

户外体育活动的内容包括：各项基本动作，各种类型体操，各项球类活动（以小篮球、小足球为主的球类活动），民族、民间体育活动，体育节所需要的表演活动，各类大、中、小型器械活动，等等。

（三）户外体育活动的组织形式

户外体育活动的组织形式多种多样。一般包括班级集体活动（集中练习课上内容）、小组活动（分组、分项练习）、个人自选活动（分散活动、发展个性练习）、区域性体育活动（混龄、自选游戏活动，将幼儿园场地划分为不同的活动区，如投掷区、钻爬区、攀登区、跳跃区、平衡练习区、球类活动区、追跑游戏区等）。各项体育活动可以是同年龄班幼儿同时自选活动内容，也可以是不同年龄班同时自选活动内容，还可以是全园幼儿同时自选活动内容。

区域性体育活动案例介绍
广州军区司令部幼儿园　陈　莉

1. 区域性体育活动的特色。

活动形式体现多样化：集体活动、小组活动、个人自选活动。活动内容体现全面性：在区域体育活动中设立了各种不同类型的体育活动内容，既有发展各项基本动作技能的活动，又有在教学与早操活动中不宜进行的各项体育活动内容，如综合体能发展区、自然野趣区、篮球区、足球区、攀爬区、各种车区等。

在组织和材料投放中，充分体现环境的开放性、活动的自主性、材料的丰富性、游戏的趣味性、交往的频繁性，同时还必须注意活动的层次性，即把幼儿应掌握的内容分解成不同层次，使不同水平的幼儿能够有兴趣参与活动，有效促使幼儿在原有基础上得到发展，充分体现个体差异性。

在组织指导过程中，通过设计合作性的游戏，提供可合作的材料，以及运用指导语言，教育引导幼儿开展合作性的活动，促进幼儿合作意识的增强和能力的提高。

区域性体育活动充分体现安全性。安全措施有：使用明显的标记，控制进区人数，人员定位，加强幼儿安全意识教育。区域性体育活动的设计相对稳定，但又不是一成不变的，教师应根据季节变化及幼儿动作发展状况适当调整活动内容，使区域性体育活动更加灵活，不断发展完善。

2. 区域性体育活动的材料投放与活动设计。

教师在幼儿活动时不应该有过多的干预，这就决定了在区域性体育活动中材料投放必须是简洁、有趣、有层次的，最好使用标志暗示区域活动的玩法，让幼儿看了就懂得怎么玩。

3. 区域性体育活动组织实施的方法和步骤。

（1）准备阶段：制订目标，设置区域，确立规则，设计活动，明确教师责任和选定活动时间与音乐。

（2）班级轮换活动：以班级为单位，依次轮换到各个区域开展活动，有目的地使幼儿熟悉活动区域的场地、器材、玩法，形成区域活动的常规，促使每个幼儿的体育动作在原有基础上得到发展。

（3）大区内混龄活动：区中区的形成会有不同年龄段的幼儿同时在大区域内开展活动，此阶段的重点要放在研究区域活动常规方面。

（4）全园混龄共同活动：全园混龄共同活动是区域性体育活动的最高层次，全体教师已经明确活动目标，清楚指导重点，幼儿达到完全自由、自主地参与区域活动。各区在内容、材料、规则完善的基础上才能开展。全园混龄活动对幼儿的安全、保育工作提出更高的要求。

4. 开展区域性体育活动需要注意的事项。

（1）区域性体育活动开展过程：准备活动—在初始区域活动—换区—收器械。

（2）明确教师职责：教师要带领幼儿做好准备运动；在活动过程中各区教师应坚守岗位，对前来活动的幼儿进行引导；控制好幼儿进区数量，做好幼儿安全监控工作；仔细观察幼儿游戏情况；及时完善、更新和投放自己所负责区域的材料；负责区域活动的开展和深入。

（3）建立幼儿活动常规。

（4）充分做好保育、保健和安全工作。

（四）户外体育活动的组织指导

尊重幼儿自我选择，引导幼儿学会选择与交往；教育幼儿正确使用器械，学会躲避，确保活动安全；指导幼儿掌握正确的动作技能，引导幼儿全面锻炼；帮助幼儿学会控制、调节运动负荷；启发、引导幼儿互相学习，互相帮助，共同提高。

（五）组织幼儿户外体育活动的注意事项

1. 选择适宜的内容，布置并检查场地器械，做好充分准备，确保活动安全。

2. 指导幼儿掌握正确的动作技能；做好组织工作，避免安全事故发生。

3. 准备好擦汗毛巾，随时提醒幼儿擦汗，形成良好的习惯，并帮助幼儿及时脱掉衣服，以免出汗过多受凉。

4. 播放一些欢快、活泼、幼儿喜爱的音乐，让幼儿在轻松、愉快的环境中锻炼身体，延迟疲劳出现。

5. 根据幼儿活动情况，及时调整活动场地、内容、形式、方法，以便收到最佳锻炼效果。

附录：户外活动歌

幼儿体质要提高，自然因素锻炼好。户外活动天天搞，锻炼效果就会好。
计划周到组织好，放任自流好不了。内容丰富别单调，动静交替要记牢。
个别幼儿多辅导，整体水平大提高。区域活动有必要，切合实际安排好。
每个区域有指导，发展个性别忘了。引导幼儿大带小，交往能力都提高。
坚持户外活动好，安全保障要记牢。

案例一

钻洞洞（小班）

天津市大港区第二幼儿园　韩文霞

活动目标

1. 尝试用身体做出各种洞洞做游戏。

2. 喜欢和教师、同伴一起游戏，体验合作游戏的快乐。

活动准备

大小不同的球，有垫子的活动室；活动前请家长和幼儿开展有关钻、爬的亲子游戏。

活动过程

1. 热身活动。站成圆圈，教师带领幼儿随儿歌做准备活动：拍拍我的头点一点，拍拍我的手摆一摆，拍拍我的肩耸一耸，拍拍我的腰扭一扭，拍拍我的屁股转一转，拍拍我的膝盖蹲一蹲，拍拍我的脚踢一踢，拍拍我的身体跑过来。

2. 进行"皮球钻洞洞"游戏，启发幼儿用身体各部分做出洞洞的形状。

教师提问："小朋友，你们能不能也用身体做出各种各样不同的洞洞，让小皮球从你的洞洞中钻过去？"引导幼儿利用手臂、腿、身体做成洞洞，教师用球穿过洞洞，并引导幼儿做各种动作。

幼儿分组玩"皮球钻洞洞"的游戏，鼓励幼儿设计出不同的洞洞。男孩子做洞洞，女孩子滚皮球。

3. 游戏——钻洞洞。

（1）尝试用身体做洞洞，能够让同伴从这个洞洞中穿过，鼓励幼儿做出与别人不同的洞洞。

（2）引导幼儿尝试与同伴合作创造性地搭建大洞洞，做钻洞洞的游戏。如手拉手围成大洞，脚对脚变成山洞。

（3）搭洞洞请老师或客人钻过去。

4. 结束活动：幼儿坐成一排互相捶捶肩、捶捶背、捶捶腿，做放松动作。

案例二

乌龟宝宝爱运动

天津市滨海新区大港一幼　窦维杰

活动目标

1. 练习不同方法的爬行，提高幼儿的协调性和灵敏性。
2. 体验游戏的快乐，培养不怕困难、勇往直前的心理品质。

活动准备

草地、垫子、轮胎、小门、"城堡"若干，黄色与绿色小乌龟胸饰若干，奖牌一个。

活动过程

1. 准备活动。

（1）播放音乐，教师带领幼儿做操。

（2）教师扮乌龟妈妈，幼儿扮小乌龟来到一大片"草地"前面。

教师：孩子们，我们怎么过"草地"？（请个别幼儿试一试。）

（3）小结：我们可以爬过草地。

2. 探索爬行方法。

（1）自由探索爬行方法。

教师："穿过草地，前面有座城堡，想不想去玩？那好，小乌龟爬的本领最大了，看哪只小乌龟爬的方法又多又好？"请小乌龟们想出与别人不一样的爬行方法。

（2）请个别幼儿示范，引导幼儿比一比哪种爬行方法既快又省力。

（3）请双手着地、屈膝爬行的幼儿再次示范。

教师小结：这只小乌龟双手着地屈膝爬行，这样既快又省力。

（4）播放音乐。教师领着幼儿练习双手脚着地屈膝爬行。

3. 游戏：寻找城堡。

教师："大家看，城堡就在前方，你们想不想去玩？小乌龟爬的本领最大了，今天就来比一比哪一组小乌龟能最先到达城堡？"

（1）沿着路线进行比赛，爬过草地—钻过山洞—跳过小河—爬过山坡—到达城堡。

（2）采用不同的爬的方式进行练习。幼儿比赛，教师记录两队成绩。

（3）小结，颁奖。

4. 结束部分。

（1）小结。

（2）听音乐，躺在垫子上放松身体，结束活动。

四、室内体育活动

（一）室内体育活动的意义

丰富活动内容，坚持天天锻炼，促进幼儿身心发展。

（二）室内体育活动的内容、形式

内容丰富多彩，形式多样，充分利用室内现有的设备进行练习。

案例一

桌子游戏（大班）

天津市和平区第四幼儿园　李　波

活动目标

1. 通过桌子游戏发展幼儿的平衡、钻爬、攀登能力提高动作技能，进一步发展幼儿动作的敏捷性、协调性、稳定性。

2. 培养幼儿勇敢、不怕困难的良好品质及参加体育活动的兴趣。

活动准备

桌子8张，体操垫若干，《你最牛》音乐等。

活动过程

1. 开始部分。

幼儿一路纵队，教师带领幼儿绕圈行进，行进中做高人走、曲线走、矮人走等动作。随音乐做自编的桌子操，充分活动幼儿身体（头部运动、体侧运动、踢腿运动、下蹲运动、跳跃运动、整理运动）。

2. 基本部分。

（1）钻地道：将桌子连接在一起，请幼儿从桌子下面钻过去。变化方式"S"形通过（图254）。

（2）过"断桥"：将桌子拉开30厘米左右距离摆成一排，请幼儿从桌子上迂回爬过

（图255）。

（3）钻过双层地道：将两张桌子叠放起来，让幼儿分别从上下两层通过（图256）。

3. 活动结束。

整理队伍，做放松活动，小结。请幼儿一起收拾桌子，并擦拭干净。

图254

图255

图256

案例二

钻、爬、翻越活动
天津市和平区第十一幼儿园　邓文瑜

图257

图258

图259

图260

图261

图262

案例三

钻爬、跳跃练习

天津市和平区第十一幼儿园　王建立

图263

图264

图 265　　　　　　　　　图 266

图 267

五、幼儿体育节（运动会）

（一）幼儿体育节的意义

通过体育节活动，丰富幼儿生活，汇报平时锻炼效果，加强班级之间的交流，加强与家长的联系，充分体现家园共育关系，使幼儿感受体育节的快乐。

（二）内容与组织形式

1. 表演、比赛型。

特点：热烈、欢快，师、幼、家长同乐。

内容：体操表演、游戏与竞赛活动等。

2. 区域活动型。

在不同区域分别开展多种形式、多种游戏的竞赛活动。

特点：准备简单，便于自选，活动充分。
内容：器械区、平衡区、投掷区、攀爬区、体育技能擂台区、休息区等。
根据规模大小，分以下几类。
（1）小型平行班的游戏、竞赛交流活动。
（2）中型运动会，园内各年龄班参加的游戏、竞赛交流活动。
（3）大型幼儿园之间，教育集团内各园全体幼儿、家长参与的运动会。

（三）注意事项

场地环境布置要有节日气氛；时间不宜过长（1~1.5小时），内容不宜过多；竞赛和表演项目均是日常活动内容，难度不宜过高；事先了解天气状况，做好充分准备；面向全体幼儿；幼儿家长积极参加，家园共同努力；加强医务监督，保证活动安全。

六、远足

（一）远足的意义

通过定期或不定期的远足综合教育活动，可收到健身、健心、益智、育德、育美等作用。

1. 健身效果。走是一项最好的有氧健身运动。充分利用适宜场地开展丰富多彩的健身活动（跑、跳、投、登山、滑雪等），发展幼儿多种动作，增强体能；充分利用自然条件进行锻炼，提高幼儿适应能力，减少疾病发生。

2. 健心作用。在远足活动中，幼儿感到十分开心、兴奋；通过远足活动有利于培养幼儿良好的性格，培养合作意识，提高交往能力，增强幼儿社会适应能力，还能不断提高幼儿的自信心和自控能力。

3. 扩大视野，增长知识，促进智力发展。在远足活动中，及时引导幼儿观察自然、社会等方面的变化，有利于培养幼儿观察力、注意力，提高思维能力、认知能力、记忆力（涉及道路、文字、数字、交通、车辆、花草、树木、农作物、建筑物等），提高语言表达能力（口述远足路线、过程、感受等）。

4. 培养良好品德。通过远足活动，培养幼儿爱祖国、爱家乡、爱他人的良好情感，自觉遵守社会道德规范、文明礼貌的良好行为，适应社会，认识自我，同时培养幼儿勇敢、顽强、吃苦耐劳、克服困难、持之以恒等良好品质。

5. 促进美育发展。在幼儿远足活动中，使他们充分体验、感受自然环境美和社会环境美；培养美的心灵和行为，自觉遵守社会公德；培养美的语言，学会尊重他人；培养创造美的意识和能力，共同维护和布置美的环境，陶冶情操。

（二）远足的主要内容

1. 因地制宜地开展各项基本动作练习和游戏。

2. 在远足过程中进行相关知识教育。

3. 在远足活动中，适时进行道德意志品质教育和良好行为习惯教育。
4. 适时对幼儿进行安全知识教育和安全技能的培养。

图268　认识路标

图269　走小路

图270　建筑工地见闻

图271　社区里的小学

图272　郊外远足

图273　冰雪天地

图274　父子远足

（三）开展幼儿园远足活动建议

1. 有目的、有计划、有组织、有准备、因地制宜地进行远足活动，开始时可以每月一次远足，逐步过渡到隔周一次，或每周一次。

2. 远足前，教师必须勘测远足路线，设计好远足形式、教育内容，做好充分的思想准备、组织准备、物质准备，确保活动顺利安全。

3. 所选路线、距离、行进速度等必须符合幼儿年龄特点和体质、体能情况，是幼儿力所能及，并经过努力能够达到的要求。切实做到距离由近及远，活动内容由易到难，教育内容由少到多，逐步提高要求。

4. 远足形式可根据路线、距离及教育内容需要，形式多种多样，方法灵活多变（乘车与走、跑结合均可），教育内容丰富多彩。

5. 做好家长工作，取得家长的理解、支持、配合与合作。也可邀请家长参与远足活动，充分体现家园共育。

6. 及时反馈远足效果，巩固远足成果，进一步拓展延伸远足教育活动。

七、家庭与社区体育活动

（一）开展家庭与社区体育活动的意义

通过家庭与社区体育活动的开展，提高家长对幼儿健康教育的认识；指导家长充分利用家庭及社区环境、条件、资源积极开展丰富多彩的幼儿体育活动；逐步懂得开展幼儿体育活动的原则、方法、途径及注意事项；更好地培养幼儿对体育活动的兴趣；加强亲子情感交流，养成坚持锻炼的良好习惯，落实健康第一的教育思想，为幼儿终身体育奠定良好的基础。

（二）家庭、社区幼儿体育活动的特点

1. 在父母或长辈的直接指导、参与下进行活动，不仅具有明显的针对性和实效性，而且具有自由性，比较随意，幼儿乐于参加。

2. 根据家庭环境、场地、时间、条件等随时调整，开展活动灵活适宜。

3. 活动形式、内容、练习次数、练习形式以幼儿为主体，兼顾他人，注重科学性和实效性，丰富家庭生活。

4. 充分利用家庭周围自然环境、社区设备，因地制宜、随时随地进行身体锻炼；通过参与社区各种活动，尤其是体育竞赛活动，加强交流。

（三）家庭、社区幼儿体育活动的内容

1. "三浴"锻炼。

2. 各类体操。

3. 各种简易体育活动。

图275　和妈妈一起滑雪

4. 各种滚动、滚翻。
5. 社区现有设备活动（滑梯、秋千、低单杠、攀登架等）。
6. 民族、民间体育活动。
7. 娱乐性体育活动。
8. 社区组织的各种体育竞赛活动等。

（四）家庭、社区幼儿体育活动应注意的事项

1. 必须在家长引领、指导下进行练习。
2. 因地制宜，循序渐进，量力而行，确保活动安全。
3. 注重情感教育和培养。
4. 坚持区别对待。
5. 做好正确示范，培养正确姿势。
6. 合理安排运动负荷量，及时予以调整。
7. 以良好的心态积极参加社区活动。

附录："好字歌"：

各项活动都要好，下列事项要做到。示范动作要做好，正确优美最重要。
语言提示效果好，提醒要领别忘了。如果动作没做好，稍一提示就行了。
保护帮助要做好，伤害事故避免了。较难动作做不好，体会要领掌握了。
巩固提高做得好，反复练习很必要。反复练习竞赛好，提高兴趣不枯燥。
随机教育要做好，友谊第一风格高。方法灵活多变好，幼儿特点要记牢。
游戏方法为最好，生动活泼需求高。要想锻炼效果好，防止错误要记牢。
纠正错误尽早好，严格要求很重要。教法灵活组织好，实践总结再创造。

八、组织幼儿各项体育活动的基本原则

（一）全面性原则

全面锻炼身体，促进幼儿身体的协调发展，使幼儿身体各部位、各器官、各系统机能，以及各种身体素质和基本活动技能都得到全面和谐发展。组织幼儿参加各项体育活动，既促进其身体健康、心理健康，增强体质，又能促进其认知、情感、态度、社会性和个性的良好发展。

（二）经常性原则

按照国家有关规定，坚持每天保证体育活动不少于一小时。只有这样，才能真正促进幼儿身体正常发育和机能协调发展，增强体质，促进身心健康发展。

（三）动静交替原则

根据幼儿年龄特点，动静交替、有节奏地安排体育活动，以免过度疲劳，或锻炼不足，效果不佳。既要锻炼身体，又要保护健康。

（四）适量性原则

合理安排并及时调节运动负荷，以达到最佳锻炼效果。既要遵循运动技能学习规律，又要遵循人体生理机能活动能力变化规律。根据活动项目、内容、幼儿年龄特点，合理安排并及时调节生理及心理负荷量，以达到最佳锻炼效果。

1. 按照幼儿承受生理负荷的规律，负荷量从小到大逐步上升，再逐步下降。

2. 合理安排和调节心理负荷。内容安排合理，难度适宜，新旧教材安排得当，教师的示范、教法、教态等，要有利于感染和调动幼儿练习的情绪和积极性。

3. 组织工作严谨，减少等待时间；讲解及时、精练，给幼儿充分的练习时间，以利于掌握动作技能，发展体能。

4. 根据不同季节、气候、环境设备，合理安排运动负荷。

（五）多样性原则

灵活运用多种类型、形式、方法，安排多项内容开展幼儿体育活动，以达到互相配合、互相补充、灵活运用，从而进一步激发、提高幼儿练习的积极性，丰富幼儿生活，提高锻炼效果。

（六）差异性原则

根据幼儿不同年龄、体质、动作发展水平，提供不同的练习条件、内容和要求，充分体现因人施教，以使每个幼儿都在原有基础上得到发展和提高。

第八部分 幼儿体育活动设计与评价

一、幼儿体育活动设计与评价的意义

（一）设计幼儿体育活动的意义

根据《幼儿园教育指导纲要（试行）》要求，幼儿教师必须有目的、有计划、科学地、创造性地设计幼儿各项活动。其中包括设计各种幼儿体育活动，以便更好地实现幼儿健康教育的目标与要求，促进幼儿身心健康发展。这是幼儿教师必须具备的基本能力。

随着社会的进步、发展，科技文化知识的更新，人们生活水平的提高，生活环境的不断变化，以及体质、体能的发展变化，幼儿体育的内容、形式、手段、方法、要求等，也要不断地变化、改进和提高，以适应社会发展的需要。为此，幼儿教师必须掌握幼儿体育活动设计的基本要求和方法，提高业务水平，不断提高教育教学质量，适应教育发展的需要。

（二）评价幼儿体育活动的意义

评价包括活动中的评价和活动后的评价。

活动中的评价，目的在于及时调整、改进活动中的某些环境、条件、方法等，以便收到更好的锻炼效果。

活动后的评价，在于检查该活动设计的特点与实际效果，为进一步改进、提高活动质量，提高活动的实效性，提供必要的依据。

设计是预先设想的方案，评价是检验方案的设计质量及实施的效果。两者缺一不可，都是教育、教学所不可缺少的环节。设计与评价密切相关，只有科学、合理地设计和及时、准确地评价，才能更有效地提高活动质量，更好地实现幼儿体育的目标。

二、设计幼儿体育活动的依据

设计幼儿体育活动，首先必须依据幼儿教育总目标及健康教育领域目标，依据幼儿年龄特点、身心发展水平、动作发展现状，依据本园现有设备、条件、可创设的条件，依据季节、本地区气候、环境条件等，科学合理地选材设计。

三、设计幼儿体育活动的程序与要求

1. 明确教育目标，了解教育对象，根据现实条件，有针对性地、科学合理地选择活动内容、形式、方法。

2. 按照设计程序设计全年活动内容（如图276所示）。

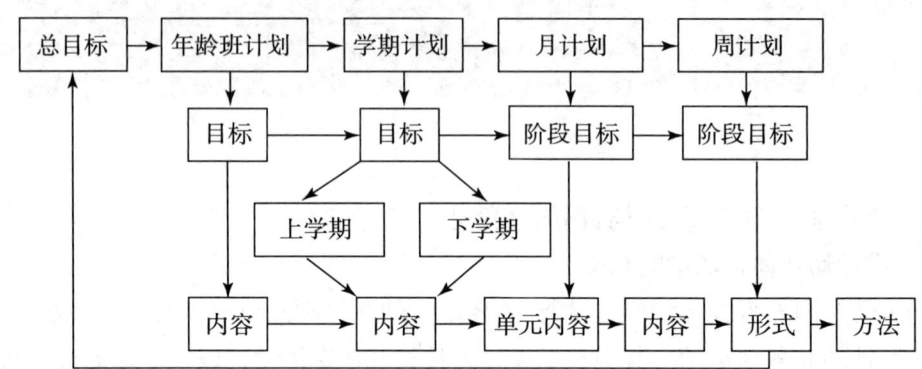

图276　程序设计图

3. 合理分配学习次数，预设活动效果。在实践中，及时予以评价，以便随时修改，变换重复次数。

4. 确定活动形式，选择活动方法。

教学形式：安排1~2个活动内容，以教学、指导新内容为主。

户外体育活动：内容丰富，形式多样（集体、分组、自选）。

室内体育活动：根据现有设备、条件选择内容和形式（集体、分组、自选、自由结合）。

5. 一般设计过程是，以目标为中心，设计活动方案，结合观察、测量与评估，形成螺旋式上升过程（如图277所示）。

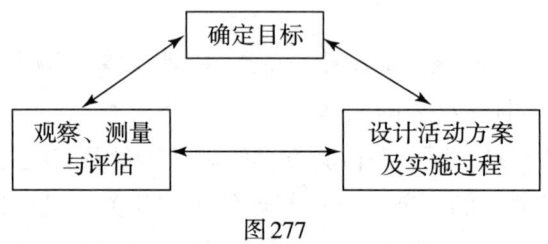

图277

教学在幼儿集体教育中处于核心地位（如图278所示）。

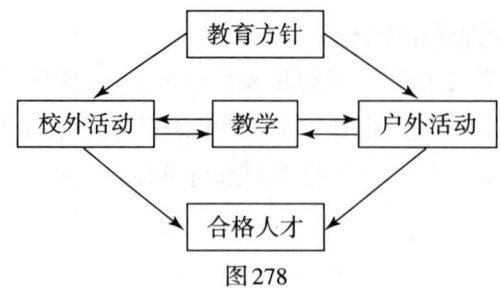

图278

体育教学管理模式（如图279所示）。

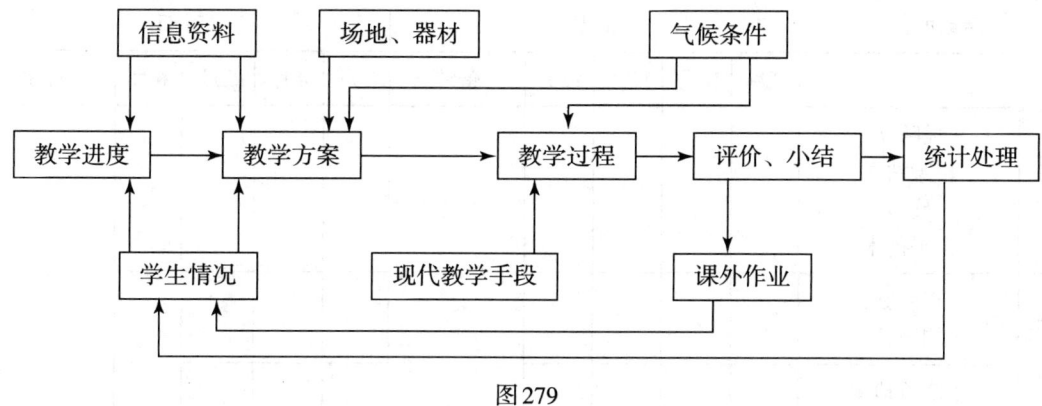

图279

四、幼儿体育教学及活动设计案例
（一）学年教学与活动计划设计案例（供参考）

活动内容		上期					下期				
		9月	10月	11月	12月	备注	3月	4月	5月	6月	备注
走	直线走 曲线走 大步走或小步走 足尖走（高人走） 蹲走（矮人走）					1.结合各阶段综合教育内容进行安排（如认识秋天、冬天等） 2.结合相应节日、秋季体育节（运动会）安排内容					1.结合各阶段综合教育内容进行安排（如认识春天、夏天等） 2.结合相应节日、春季体育节（运动会）安排内容
跑	直线（曲线）跑 变速跑 变向跑 往返（接力）跑 障碍跑 15~20米快跑 100~300米慢跑										
跳跃	双足跳（连续跳） 单足跳（交换跳） 立定跳远 纵跳摸高 助跑跨跳 从高处跳下 助跑跳高										
投掷	双手抛投 投远 投准										

第八部分　幼儿体育活动设计与评价

续表

活动内容		上期					下期				
		9月	10月	11月	12月	备注	3月	4月	5月	6月	备注
平衡	提踵立 单脚站立 旋转 走平衡木										
钻	正面钻 侧面钻										
爬	手膝着地爬 手脚着地爬 匍匐爬										
攀登	上、下攀登架（滑梯），攀岩（爬墙），登山										
滚动滚翻	侧滚动 团身滚动 前滚翻										
悬垂支撑	混合悬垂支撑 单纯悬垂支撑 悬垂（支撑）移动										
其他	球类活动 跳绳、游泳、滑冰……										
备注	根据选择的内容，在每个月相应的空格内画"√"。										

（二）一周体育活动计划

	星期一	星期二	星期三	星期四	星期五
标准	1.会听口令变换不同的队形 2.帮助幼儿了解雷电的形成和危害，有初步的自我保护意识	1.距离：5 000米，了解天津电视塔的创建史，认识其功能，知道它是天津的著名建筑 2.练习爬的动作，协调、灵敏地做游戏	1.开动脑筋想出多种绳子的玩法并练习双脚跳绳 2.能双脚并拢跳进15厘米高的轮胎	1.在掌握基本队列的基础上学习开花走（小圆变大圆）的基本方法，听口令走成花瓣样 2.练习单脚跳	1.距离：5 000米，了解天津电视塔的创建史，认识其功能，知道它是天津的著名建筑 2.掌握钻爬动作，协调、灵敏

续表

	星期一	星期二	星期三	星期四	星期五
内容	队形练习：大圆（开花变成）、六个小圆	远足：天津电视塔 游戏：猫捉老鼠	练习跳绳，一绳多玩 游戏：跳轮胎	1.队形练习：开花走 2.游戏：跳房子	远足：天津电视塔 游戏：猫捉老鼠
建议	先用图进行讲解	引导幼儿观察天津电视塔的构造，请导游介绍	鼓励幼儿自己想出玩绳子和跳轮胎的方法	先结合图进行讲解	引导幼儿观察天津电视塔的构造，请导游介绍

（三）不同年龄幼儿跳跃动作内容安排示意图（如图280所示）

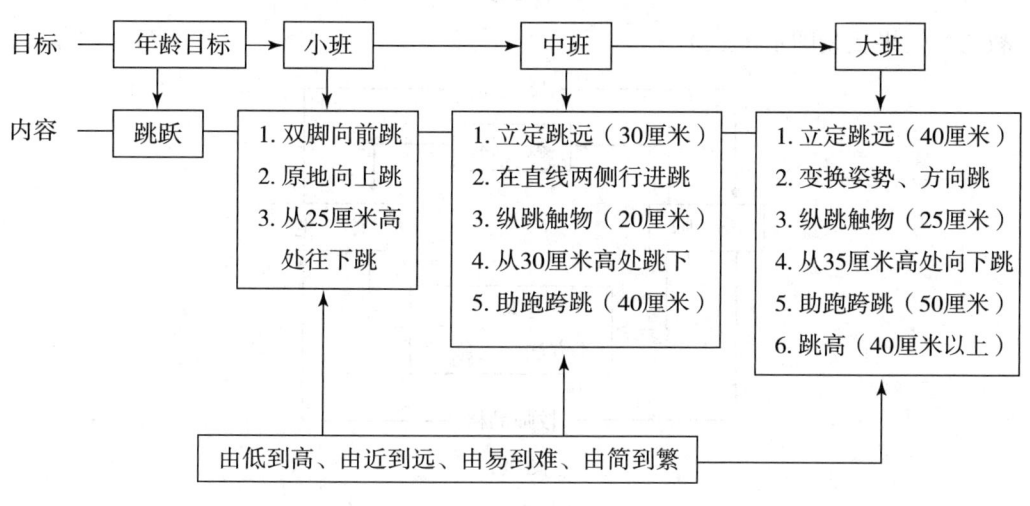

图280

（四）课的结构要求（见实践部分内容）

（五）教学活动设计范例（见实践部分内容）

五、教学与活动评价

（一）评价种类

幼儿体育教学与活动评价，一般包括以下三种类型。

诊断性评价——目的在于了解教育对象的基本条件，为教学活动的开展提供依据。

形成性评价——目的在于了解教育过程的成效，以调整、修改方案。

终结性评价——目的在于检查效果，为改进、提高和发展提供依据。

教与学效果反馈图示（一）

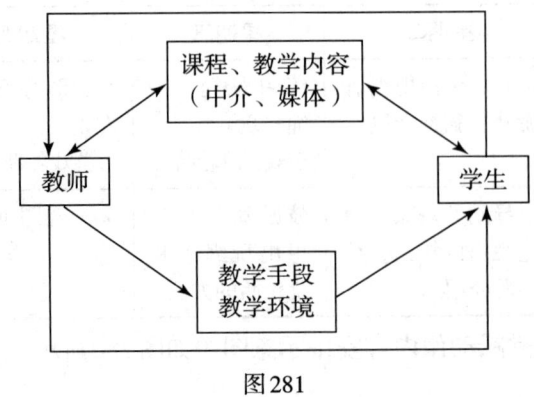

图281

教与学效果反馈图示（二）

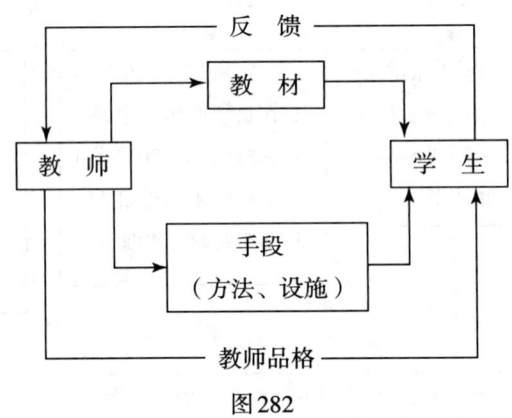

图282

具体体育活动评价模式图

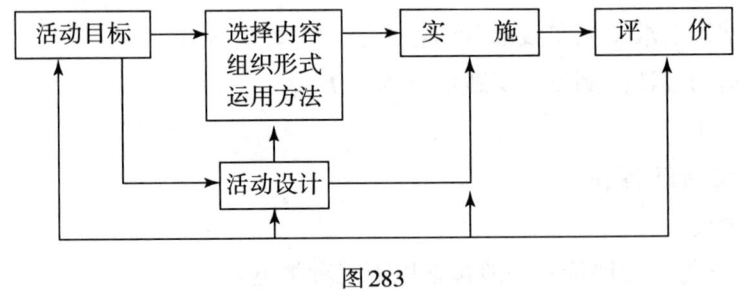

图283

（二）评价方法

幼儿体育活动一般采用观察法进行评价。

根据需要，在评优课时，采用观察与测量相结合的方法进行评价，以确保评价的科学性与准确性。

1. 观察评价。

观察对象：随机抽取一名儿童。

观察内容：活动中幼儿的态度、情绪、情感、品德行为表现，互助交往能力，运动负荷适宜程度，等等。

观察要求：既不妨碍被观察幼儿做动作，又不被其有所察觉，确保观察的真实性、可靠性。

2. 运动负荷与练习密度测定法。

运动负荷——进行身体练习时，幼儿所能承受的生理负荷量和心理负荷量的总和。

练习密度——在一次活动中，幼儿实际练习时间与该次活动总时间的比例。

运动负荷与练习密度的安排，必须根据幼儿的年龄特点、实际能力、动作发展水平、活动目标、环境、气候、条件等因素，合理安排。只有合理安排好幼儿运动负荷与练习密度，才能使每次活动收到最好的健身效果。

通过对幼儿运动负荷及练习密度的测定与分析，可以更加科学、准确地评价教学效果。具体测定方法如下。

（1）生理负荷量测定方法：一般采用脉搏测定法（有条件的幼儿园可以采用心率遥测仪或显示仪进行测定，得到的数据更多、更准确），方法如下。

选择测定对象。一般选测中等发展水平的男女幼儿各一名（与测定练习密度的幼儿相一致）。有条件的幼儿园，也可以同时选几名不同发展水平的幼儿进行测定，以使所得数据、结论更科学、更可靠。

准备好测定表格、工具、秒表，测定人员做好分工。

活动前先测定幼儿安静时的心率。

采用定时（2~3分钟或更短的时间）测定，并与每次练习前、后测定相结合，以练习前、后测定为主，定时测定为辅。

幼儿园体育活动心率测定表

幼儿姓名		性别		年龄		测定日期	年 月 日	教师		备注	
活动过程	时间		练习内容			心率次数		幼儿表现（情绪、动作等）			
安静心率（次/分）		平均心率（次/分）			标准差		最高心率（次/分）			最低心率（次/分）	

测定人_____ 填表人_____

每次只测 10 秒钟的心率次数，再乘以 6，即为一分钟的心率。

课后定时测定幼儿恢复心率。

注意：测定脉搏时不要影响幼儿练习。随时填写记录表，画出心率变化曲线图（如图 284 所示），以供分析参考。

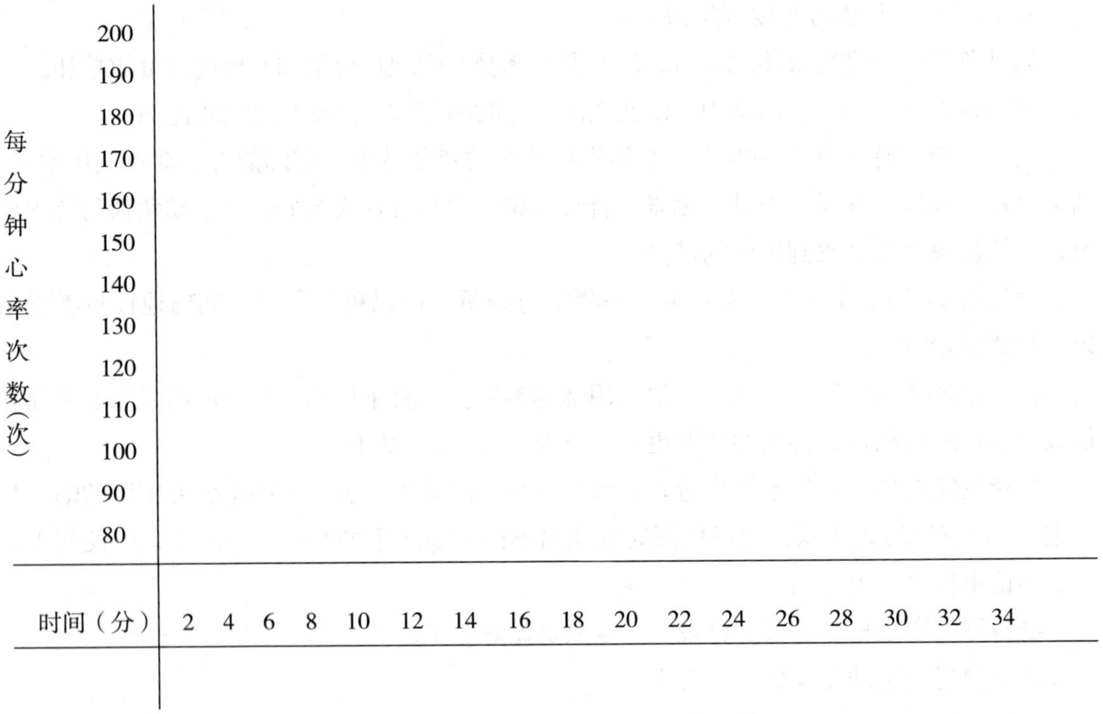

每分钟心率次数（次）
200
190
180
170
160
150
140
130
120
110
100
90
80

时间（分） 2　4　6　8　10　12　14　16　18　20　22　24　26　28　30　32　34

活动内容
幼儿园_____ 　　年龄班_____ 　　幼儿姓名_____ 　　性别_____ 　　年龄_____
测定时间_____ 　　气候_____ 　　上课教师_____ 　　测定者_____

图284

（2）练习密度测定方法：在一节课或一次活动时，被测者每一次有目的的身体练习时间，及时用秒表记录下来。具体测定方法如下。

用秒表计时。幼儿每次开始做动作练习时开表，动作结束时停表。即人动表动，人停表停。

将幼儿每一次活动时间累加，即为该次活动中的实际练习时间总和，再计算出它与该次活动总时间的比例，判断该次活动的练习密度。

将每次测定的时间及时填写在登记表中，便于统计时使用。

注意：测定练习密度是为了了解在一节课或一次活动中，幼儿实际练习所占用的时间是否合理，有没有浪费时间。如果实际练习次数多，时间长，密度安排合理，没有浪费时间，则教学效果好，质量高。

幼儿园练习密度登记表

幼儿姓名		性别		年龄		测定时间	年 月 日	教师	
活动过程	时间	练习动作内容				练习数量	练习时间	百分比	备注
总计									

测定者_____

六、幼儿身心健康发展评价（供参考）

（一）评价类型

一般包括定期评价和阶段性评价。

定期评价——从幼儿入园开始，每一学期或每一学年对幼儿身心健康发展状况予以测评，为制订或修改下一阶段体育教学及活动计划提供依据。

阶段性评价——不同时期、不同季节、不同教学阶段对幼儿掌握某项动作技能、体能发展、心理发展变化、社会性能力发展等情况，全面或分别予以相应的评价。

（二）身心健康评价的主要内容

幼儿身心健康评价的主要内容包括幼儿形态、机能、基本活动能力评价，幼儿情绪、情感发展变化评价，幼儿社会性发展变化评价等。幼儿身心健康评价体系如图285所示。

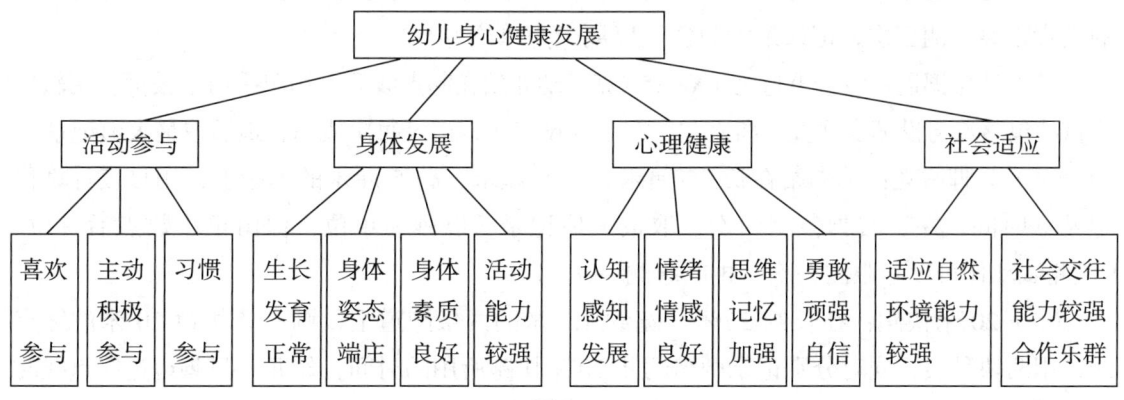

图285

（三）评价方法

1. 身体形态生长发育测定。

身高：使用身高计，或将软尺固定在墙上进行测量。以厘米为单位，记录至小数点后一位，误差不超过 0.5 厘米。

体重：用杠杆称测量，以千克为单位，记录至小数点后两位。

坐高：用专用坐高计测量，以厘米为单位，记录至小数点后一位。

胸围：用软尺测量，以厘米为单位，记录至小数点后一位。

头围：用软尺测量，以厘米为单位，记录至小数点后一位。

2. 生理机能发育测定。

安静心率：最好在午睡后、起床前用听诊器和秒表测量，以 10 秒钟为单位，连测三次，以两次心率数相同为准，再换算为一分钟心率为 ×× 次／分。

呼吸率：用手轻轻按在幼儿腹部，以秒表半分钟计算呼吸次数（一起一伏为呼吸一次），连测三次，以两次相同为准，再换算为一分钟呼吸率为 ×× 次／分。

呼吸差：用软尺在胸围处测量，记录吸气和呼气之间的围度差值，以厘米为单位，记录至小数点后一位。

肺活量：采用单浮筒式肺活量计测三次，选取最大值记录，单位为毫升。

血压：只测 5 岁以上儿童。用儿童血压计和听诊器测试。

握力：只测 4 岁以上儿童，用儿童握力计测量，左、右手各测三次选取最大值记录，单位为千克。

背肌力：只测 4 岁以上儿童，使用指针式背力计，每人测三次，选取最大值记录，单位为千克。

3. 身体素质与基本活动能力测试。

（1）坐位体前屈：只测 4 岁以上儿童，用测试凳测试，看中指触摸点，测三次，记录最好成绩，以厘米为单位，记录至小数点后一位。

（2）立定跳远：站在起点线后用力向前跳，用软尺测量最近一只脚的脚后跟与起点线的垂直距离。测三次，记录最大数值，以厘米为单位。

（3）沙包掷远：沙包重量为 100~150 克，幼儿站在起点线后，用单手肩上投掷，用软尺丈量沙包落点与投掷线垂直距离，左、右手各投三次，记录每次成绩，最后取最大值记录。

（4）单脚站立：单脚站在长 25 厘米、宽 5 厘米、高 5 厘米的木条上，用秒表计算稳定站立时间，左、右脚各测两次，取最大值记录，以秒为单位，保留至小数点后一位。（该测试动作可以睁眼测一次，再闭眼测一次。）

（5）20 米快跑：在长约 25 米、宽约 1.5 米的两条跑道上，画一条相距 20 米的终点线，用两块秒表，同时分别记录两名幼儿 20 米快跑所用的时间，幼儿一只脚迈过终点线时停表。每人测两次，记录最快数值，以秒为单位，保留至小数点后一位（如图 286 所示）。

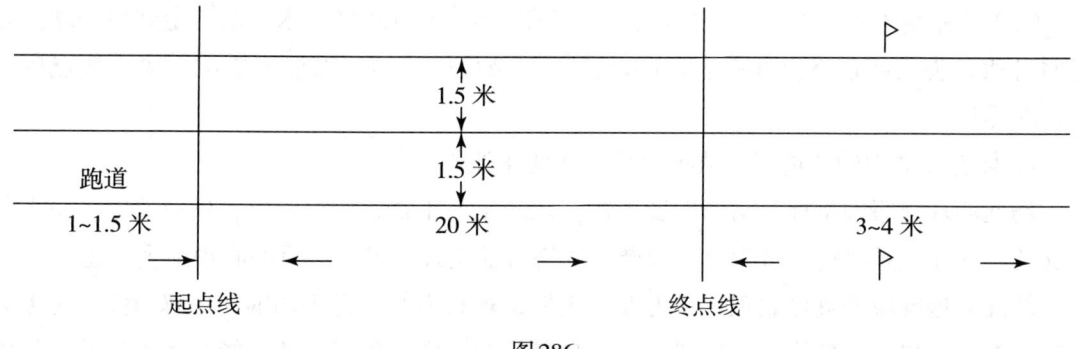

图286

（6）100米、200米、300米慢跑：不同年龄组跑不同距离。跑前测其10秒钟心率，慢跑到终点后，运用脉搏测定法测幼儿10秒钟即刻心率，直到恢复到跑前心率为止。记录恢复心率所需要的时间，并将10秒钟心率换算成1分钟心率。

幼儿体质测查表

幼儿园_____ 班级_____ 编号_____ 姓名_____ 性别_____ 出生年月_____
测查日期_____ 测查者_____

形态	身高（厘米）			基本体育活动能力	坐位体前屈（厘米）			
	体重（千克）				立定跳远（厘米）			
	坐高（厘米）				沙包掷远（厘米）			
	胸围（厘米）							
	头围（厘米）				20米跑（秒）			
	安静心率（次/分）				单脚站立（秒）			
生理机能	血压（毫米汞柱）				100米、200米、300米慢跑	跑前心率（次/分）		
						跑后心率（次/分）		
	呼吸率（次/分）					恢复阶段心率（次/分）	第1分钟	
	呼吸差（厘米）						第2分钟	
	肺活量（毫升）						第3分钟	
	背肌力（千克）						第4分钟	
	握力（千克）	左					第5分钟	
		右					5分钟以上	

（7）走平衡木：幼儿站在3米长、0.3米高、0.1米宽的平衡木一端，走到另一端。启动时开表，脚尖超过终点线停表，测两次，记录最好成绩，以秒为单位，取小数点后一位，非零进一。

4. 体育活动中幼儿情绪、情感及社会性变化评价。

幼儿心理健康的指标：动作发展正常；认知发展正常；情绪健康，反应适度；乐于与人交往，人际关系融洽；行为统一和谐；性格特征良好；没有严重的心理卫生问题。

幼儿心理健康的具体表现：智力发育正常，观察力好；肯于动脑，理解力强；想象力丰富，好奇心强；心情愉快，情绪稳定，自我控制力强；乐于交往，能被大家接受；规则意识较强；喜欢参加各种活动。

幼儿体育活动评价指标	
情感态度指标	1. 喜欢参加体育活动，爱好体育游戏，在活动中感到很愉快，会自发练习动作，喜欢当众表现自己的身体本领，并有克服困难的愿望和自信。 2. 喜欢听、看体育比赛及体育明星的事迹，萌发爱祖国的感情，初步形成为国争光的意识。 3. 喜欢参加幼儿园组织的各类体育活动，建立同伴间的合作意识，并能克服困难，坚持锻炼，有坚持锻炼身体的愿望和集体荣誉感。
认知发展目标	1. 知道走、跑、跳、钻、爬、攀登、平衡、支撑等动作都能锻炼身体，它能代表基本动作发展的情况，是身体健康的一个重要标志。 2. 认识各种体育器械、设备的名称及玩法，有初步的自我保护意识。 3. 了解一些常见的体育活动的测试内容及规则。
动作技能目标	1. 会协调地进行走、跑、跳、钻、爬、攀登、平衡、支撑等各种形式的基本动作，能完成不同类型的体育游戏、体育活动，并能遵守游戏规则。 2. 有一定的自我管理及相应的帮助能力。 3. 积极参与整理运动器械和用具，能在活动结束后，将物品器械放回原处。

七、教师的教育策略、水平评价

幼儿健康教育评价，既要评价幼儿身心及动作发展情况，又要对教师教学策略、能力水平进行评价，以便提高教师的业务水平、能力和教学质量。

（一）评价方法

自我反思（反馈性）评价：每次上课或活动后，进行自我分析、评价，分析完成计划的情况；总结成功的经验、体会；找出不足，分析失败的教训，提出改进和延伸的策略；等等。

领导检查及互相评价：分析完成计划、目标达成的效果，指出组织教学的成功与不足之处，提出改进、提高的建议，等等。

教师之间评价：互相学习，共同提高。

（二）评价内容

对教师的教育策略、水平进行评价的内容主要包括：教育目标、内容，组织、教法，物质、材料准备，教育效果，等等。

1. 目标、内容。目标确定是否简明、扼要、具体，切实可行；内容选择是否与目标一致，是否符合幼儿年龄特点及动作发展水平；发展现状是否能激发幼儿学习兴趣，顺序安排是否科学、合理；是否符合季节特点。

2. 组织、教法。组织教学是否严谨，内容安排是否合理，有无多余的调队或乱场现象；教学方法运用示范是否正确、恰当；是否有利于幼儿尽快地掌握动作要领；是否能启发幼儿思维，有利于调动幼儿学习情绪和积极性；是否做到面向全体、因人施教。

3. 物质、材料准备。场地是否平整、干净；器材是否安全、充分、合理，便于取放和使用；材料是否考虑到幼儿年龄、动作、体质发展水平；能否满足不同幼儿的需要。

4. 教育效果。目标达成情况、效果如何，幼儿掌握、完成动作情况如何，幼儿参与活动的积极性如何，幼儿活动中的情绪是否高涨，幼儿活动中的表现如何（合作意识、规则意识、能力、态度等）。